චතුරාර්ය සත්‍යාවබෝධයට ධර්ම දේශනා....

පිනක
මහිම

පූජ්‍ය කිරිබත්ගොඩ ඤාණානන්ද ස්වාමීන් වහන්සේ

චතුරාර්ය සත්‍යාවබෝධයට ධර්ම දේශනා....

පිනක මහිම

පූජ්‍ය කිරිබත්ගොඩ ඤාණානන්ද ස්වාමීන් වහන්සේ

© සියලුම හිමිකම් ඇවිරිණි.

ISBN : 978-955-0614-46-2

ප්‍රථම මුද්‍රණය : ශ්‍රී බු.ව. 2555 ක් වූ නිකිණි මස පුන් පොහෝ දින
දෙවන මුද්‍රණය : ශ්‍රී බු.ව. 2556 ක් වූ පොසොන් මස පුන් පොහෝ දින
තෙවන මුද්‍රණය : ශ්‍රී බු.ව. 2556 ක් වූ බිනර මස පුන් පොහෝ දින
සිව්වන මුද්‍රණය : ශ්‍රී බු.ව. 2556 ක් වූ ඉල් මස පුන් පොහෝ දින

- සම්පාදනය -
මහමෙව්නාව භාවනා අසපුව
වඩුවාව, යටිගල්ඔළුව, පොල්ගහවෙල.
දුර : 037 2244602
info@mahamevnawa.lk | www.mahamevnawa.lk

- පරිගණක අකුරු සැකසුම, පිටකවර නිර්මාණය සහ ප්‍රකාශනය -
මහාමේඝ ප්‍රකාශකයෝ
වඩුවාව, යටිගල්ඔළුව, පොල්ගහවෙල.
දුර : 037 2053300, 0773216685
mahameghapublishers@gmail.com | www.mahameghapublishers.com

- මුද්‍රණය -
ලීඩ්ස් ග්‍රැෆික්ස් (පුද්.) සමාගම,
අංක 356 E, පන්නිපිටිය පාර, තලවතුගොඩ.

චතුරාර්ය සත්‍යාවබෝධයට ධර්ම දේශනා....

පිනක මහිම

පූජ්‍ය කිරිබත්ගොඩ ඤාණානන්ද ස්වාමීන් වහන්සේ
විසින් පවත්වන ලද සදහම් වැඩසටහන් වලදී දේශනා කරන ලද
සූත්‍ර දේශනා ඇසුරෙනි.

මහාමේඝ
MAHAMEGHA

ප්‍රකාශනයකි

පෙළගැස්ම....

"දසබලසේලප්පභවා නිබ්බානමහාසමුද්දපරියන්තා
අට්ඨංග මග්ගසලිලා ජිනවචනනදී චිරං වහතූති"

දසබලයන් වහන්සේ නමැති ශෛලමය පර්වතයෙන් පැන නැගී
අමා මහා නිවන නම් වූ මහා සාගරය අවසන් කොට ඇති
ආර්ය අෂ්ටාංගික මාර්ගය නම් වූ සිහිල් දිය දහරින් හෙබි
උතුම් ශ්‍රී මුඛ බුද්ධ වචන ගංගාව
(ලෝ සතුන්ගේ සසර දුක නිවාලමින්)
බොහෝ කල් ගලාබස්නා සේක්වා!

(සළායතන සංයුත්තය - උද්දාන ගාථා)

නමෝ තස්ස භගවතෝ අරහතෝ සම්මාසම්බුද්ධස්ස
ඒ භාග්‍යවත් අරහත් සම්මා සම්බුදුරජාණන් වහන්සේට නමස්කාර වේවා!

01.
වේලාම සූත්‍රය

(අංගුත්තර නිකාය 5 - සීහනාද වර්ගය)

ශ්‍රද්ධාවන්ත පින්වත්නි,

අපට බුදුරජාණන් වහන්සේගේ ධර්මය ලැබෙද්දි අප ඉස්සෙල්ලාම කරන්න තියෙන්නේ සිත පහදවා ගැනීමයි. සිත පහදවාගත් කෙනෙකුට තමයි ඒ ධර්මය දියුණු කිරීමේ වාසනාව උදාවෙන්නේ.

සිත පහදවාගන්න ඕන අවබෝධයෙන්මයි...

සිත පහදවාගන්න ඕනෙ අවබෝධයකින්. අවබෝධයකින් පැහැදුණේ නැත්නම් බාහිර කෙනෙකුට ඒ පැහැදීම විනාශ කරන්න පුළුවන්. අවබෝධයෙන් පැහැදුණොත් ඒක තමන් ගාව තියෙන, තමන්ගේ ශ්‍රද්ධා ඉන්ද්‍රිය. ඒක කාටවත් ඉවත් කරන්න බෑ. ඒ අවබෝධයෙන් පැහැදීම ඇතිවෙන්න නම් තමන්ට තියෙන්න ඕනෙ, නිදහස් මනසක්. තමන්ට තියෙන්න ඕනෙ නිදහස්,

ස්වාධීන කල්පනාවක්. එතකොට කිසිකෙනෙකුට ඒ පැහැදීම විනාශ කරන්න බෑ.

නුවණින් කල්පනා කිරීම උපතින්ම ලැබිය යුතුයි...

බුදුරජාණන් වහන්සේ කෙරෙහි යමෙකුට පැහැදීමක් ඇතිවෙනවා නම්, ධර්මය කෙරෙහි යමෙකුට පැහැදීමක් ඇතිවෙනවා නම්, ශ්‍රාවක සංඝයා කෙරෙහි යමෙකුට පැහැදීමක් ඇතිවෙනවා නම් ඒක විනාශ කරන්න අකුල් හෙලපු අය ඒ කාලෙත් හිටියා. එකල එසේනම්, මෙකල කවර කතාද? ඒ නිසා මේ පැහැදීම කියන එක පුද්ගලික එකක්.

ඒ පැහැදීම ඇති කරගැනීමට අපට වුවමනායි නුවණින් කල්පනා කිරීම. නුවණින් කල්පනා කරන කෙනාගේ නුවණ තමා සතු එකක්. නුවණින් කල්පනා කිරීමේ හැකියාව උපතින්ම එන්න ඕනෙ. ඒක තමයි බුද්ධිමත් මනුෂ්‍යයාගේ ලක්ෂණය. ඒ කෙනා නුවණින් කල්පනා කිරීමට තමයි ප්‍රධාන තැන දෙන්නේ. අනිත් අයගේ කතන්දරවලට නෙවෙයි. ඒක තමයි නුවණින් කල්පනා කරන කෙනාගේ විශේෂත්වය.

නුවණින් විමසීම මත තියෙන ශ්‍රද්ධාව බිඳවැටෙන්නේ නැති එකක්...

ඔබට මතක ඇති උපාලි සූත්‍රය. උපාලි ගෘහපතිතුමා නුවණින් කල්පනා කරන කෙනෙක්. එයා ටික කාලයකට අහුවෙලා හිටියා නිගණ්ඨ නාතපුත්‍රට. නමුත් නුවණින් කල්පනා කරන්නට හැකියාව තියෙන කෙනා බුදුරජාණන් වහන්සේ මුණගැහිලා උන්වහන්සේගෙන් ධර්මය අහද්දි

ස්වාධීනව කල්පනා කළේ නැද්ද? ඒක තියෙනවා නුවණින් කල්පනා කරන කෙනා තුළ. එබඳු කෙනෙකුගේ චිත්ත ප්‍රසාදය එක එක්කෙනාගේ වචන මත තියෙන එකක් නෙවෙයි. ඒක තියෙන්නේ තමන්ගේ ස්වාධීන නුවණින් විමසීම මත. ඒක තැතිගන්න එකක් නෙවෙයි. ඒ ශ්‍රද්ධාව කඩාගෙන වැටෙන එකක් නෙවෙයි. ඒ ශ්‍රද්ධාව බිය රහිත එකක්. 'අනේ මගේ පැහැදීම නැතිව යයිද? මගේ පැහැදීම කඩාගෙන වැටෙයිද?' එහෙම එකක් එයාට නැහැ.

චිත්ත ප්‍රසාදය තමන් තුළ පිහිටලා තියෙන්න ඕන...

එයාගේ පැහැදීම හැම තිස්සෙම තියෙන්නේ නුවණින් විමසීම මත. නුවණින් විමසීම මත ගොඩනැගුණු ශ්‍රද්ධාවක්, නුවණින් විමසීම මත ගොඩනැගුණු චිත්ත ප්‍රසාදයක්, බාහිර කෙනෙකුගේ ප්‍රකාශයකින් බිඳවැටෙයිද? බාහිර කෙනෙකුගේ කතාවකින් බිඳවැටෙයිද? නැහැ.... බාහිර කෙනෙකුගේ කතාවකින් යම් පැහැදීමක් බිඳවැටෙනවා නම්, එහෙනම් ඒ පැහැදීම තමන් තුළ පිහිටපු එකක් නොවෙයි. තමන් තුළ නොපිහිටි පැහැදීමට තමන්ව දියුණු කරන්න බෑ. තමන් තුළ නොපිහිටි පැහැදීමකට තමන්ව ඉස්සරහට ගෙනියන්න බෑ. තමන් තුළ නොපිහිටි පැහැදීමකට දියුණුවක් ලබාදෙන්න බෑ.

එහෙමනම් පින්වත්නි, පැහැදීම තමන් තුළ පිහිටන්න ඕනෙ. තමන් තුළ පැහැදීම පිහිටීමට නම්, තමන් විසින් නුවණින් විමසන්න ඕනේ. එහෙම නැත්නම් පැහැදීම පිහිටන්නේ නෑ. පැහැදිලි නැද්ද මේ යන්න තියෙන වැඩපිළිවෙල ගැන? හරීම පැහැදිලියි. මේ හැම බුද්ධ දේශනාවකින්ම ඒක ඔප්පු වෙනවා ලස්සනට.

තේරෙන්න නම් නුවණින් විමසන්න ඕන...

ඉතින් පින්වත්නි, ඒ චිත්ත ප්‍රසාදය ගැන මං ඔබට පුංචි උදාහරණයක් කියන්නම්. ඔබ උදේ පාන්දර නැගිටලා, බොහෝම වෙහෙස මහන්සි වෙලානේ මෙහෙ එන්නේ, ඇවිල්ලා වාඩිවෙන්නේ. නමුත් ඔබ නුවණින් විමසුවේ නැත්නම් ඔබේ ශ්‍රද්ධාව වැඩෙන්නේ නෑ. සූදානම් ආපු එක්කෙනා තුළත් නුවණින් විමසුවේ නැත්නම් ශ්‍රද්ධාව වැඩෙන්නේ නෑ. සූදානම් නැතිව ආපු එක්කෙනා හරි නුවණින් විමසනවා නම් එයාට තේරෙන්න පටන් ගන්නවා.

කුඹුරේ හිටියත් වාසනාව මතුවෙනවා...

බුදුරජාණන් වහන්සේගේ කාලයේ හිටියා ගොවියෙක්. මේ ගොවියා එයාගේ ගොයමින් කැපෙන දවස්වල කුඹුරේ බැහැලා වැඩ. දැන් මේ ගොවියා තමන්ගේ කුඹුරෙ ගොයම් කපන පිරිසට ආහාරපාන අරගෙන කමතට ආවා. බෙදන්න ලැහැස්ති වුණා තමන්ගේ පිරිසට. බෙදන්න ලෑස්ති වෙද්දි එතැනට ආවා අමුත්තෙක්. පාත්‍රයක් අතට ගත්තු කෙනෙක් ආවා. හොඳට බැලුවා මෙයා ඇස් ලොකු කරලා. "හ්ම්... තරුණයෙක්. හොඳට අතපය තියෙනවා. දුර්වල නෑ." ඊට පස්සේ ළඟට ගියා ගිහින් කිව්වා "මේ බලන්න. මම වගාකරගෙන කන එක්කෙනෙක්. ඔබ තරුණයි... ඔබත් වගාකරගෙන කන්න. වගාකරගෙන අනුභව කරන්න." කාටද මේ කියන්නේ? බුදුරජාණන් වහන්සේට.

මේ බණ අහන්න සූදානම් වෙච්ච කෙනෙක්ද මෙතැන ඉන්නේ? නෑ. බණ ඇසිය යුතුයි කියලා පැහැදුන කෙනෙක්ද ඉන්නේ? නෑ. එයා දන්නේ නෑ එයා තුළ

තිබිච්ච වාසනාව. ඒක මතුකරලා ගන්නයි බුදුරජාණන් වහන්සේ වැඩියේ.

මමත් ගොවියෙක්...

උන්වහන්සේ මොකක්ද දීපු පිළිතුර? "ඔබ හරි... ඔබ වගා කරලා අනුභව කරන කෙනෙක්. මමත් එහෙම එක්කෙනෙක්. මමත් වගා කරලා අනුභව කරන ගොවියෙක්. හොඳට බැලුවා මේ ගොවියා, මේ තරුණ ශ්‍රමණයන් වහන්සේ දිහා. බලද්දි වගාකරන ගොවියෙකුගේ ලක්ෂණ මොකවත් නෑ.

ඇහුවා, "ඔබවහන්සේ කියනවා වගා කරනවා කියලා. ගෞතමයන් වහන්ස, වගා කරනවා නම් කෝ ඔබේ නගුල? කෝ ඔබේ හී වැල? කෝ ඔබේ හරක්? යොත කෝ? කෝ ගොවියකු සතු දේවල්?" කියලා ඇහුවා. අන්න එතැනදි තමයි බුදුරජාණන් වහන්සේ වගාව පෙන්නුවේ.

සසුන් කෙතේ ගොවිතැන...

(සද්ධා බීජං) "මං මගේ කුඹුරේ වපුරනවා 'සැදැහැ සිත' නමැති බිජු. සැදැහැ සිත, ශ්‍රද්ධාව තමයි මං මගේ කුඹුරේ වපුරන්නේ. **(තපෝ වුට්ඨී)** 'සීලය' නමැති වැස්සෙන් මං මගේ කුඹුර තෙමනවා. කොච්චර ලස්සනද? 'සීලය' නමැති වැස්සෙන් තමයි මම මේ කුඹුර තෙමන්නේ."

(පඤ්ඤා මේ යුගනංගලං) "මම මේ 'ප්‍රඥාව' නමැති නගුලෙන් මේ කුඹුර හානවා. බලන්න කොච්චර ලස්සනද? ප්‍රඥාව නමැති නගුලෙන් මං මේ කුඹුර හානවා. **(හිරි ඊසා මනෝ යොත්තං)** ඒ වගේම මට තියෙනවා

'ලැජ්ජාව' නමැති වියගහක්. 'මනස' නමැති යොත. (සති මේ ඵාලපාචනං) සිහියෙන් තමයි මං මේ කුඹුරේ කටයුතු හසුරුවන්නේ.

ලැබෙන අස්වැන්න අමා මහ නිවනයි...

(කායගුත්තෝ වචීගුත්තෝ) "මං ඒ සඳහා මගේ කය වචනය රැකගෙන ඉන්නවා. මම ධර්මයට වුවමනා හැටියට සිත සකස් කරනවා. සත්‍ය මතුකරනවා. මං මේ වගාවෙන් අස්වැන්න නෙලනවා. ඒ අස්වැන්න තමයි අමා මහ නිවන. මං ඒක අනුභව කරනවා."

ගොවියෙක් වුණත් නුවණින් විමසීම තිබුණා...

ගොවියට තේරුණාද? නැද්ද? තේරුණා. අන්න එතැනයි වැදගත්කම තියෙන්නේ. ගොවියාට තේරෙන්න නම් ගොවියා තුළ මොකක්ද තිබුණේ? නුවණින් විමසීම. නුවණින් විමසීම තිබුණේ නැත්නම් කණේ වැදිලා පිට යනවා. ඒක තේරුණා. නුවණින් විමසන්න පුළුවන් වුණා. ඇද හොයන අදහසක් තිබුණේ නෑ. නුවණින් විමසුවා. තේරුණා. අවබෝධ වුණා. සිත පැහැදුණා.

ගොවියා කියනවා, "මම වගේම ඔබවහන්සේත් ගොවියෙක්. වගාකරගෙන අනුභව කරන කෙනෙක්. ගොවියෙකුට ගොවියෙක් යමක් දුන්නට කිසි වරදක් නෑ." කිරිබතක් භාජනයකට ගෙනැවිත් කිව්වා "ඔබවහන්සේට සුදුසුයි. පිළිගන්න" කියලා.

දන් වළඳන්න කෙනෙක් පහදවගන්නේ නෑ...

උන්වහන්සේ මොකක්ද වදාළේ? (ගාථාභිගීතං මේ අභෝජනෙය්‍යං) "ගාථාවලින් පවසලා හිත පහදවාගෙන වළඳන්නේ නෑ මං." හරිම ඍජු චරිතයක්නේ. මේක තමයි

බුදුවරුන්ගේ ස්වභාවය කිව්වා. ඔබට දන් දෙන්න ඕනෙ නම් සිල්වතුන් ගුණවතුන් සිටින පින්කෙත තියෙනවා. ඒ පිං කෙතේ දන්පැන් පුදන්න පුළුවන් කිව්වා.

ඊට පස්සේ "අනේ ස්වාමීනි, මං ඔබවහන්සේ වෙනුවෙන් මේක වෙන් කළේ. මට මේක වෙන කෙනෙකුට දෙන්න බෑ" කිව්වා. බුදුරජාණන් වහන්සේ වදාළා "ඕක වළඳන්න සුදුසු වෙන කෙනෙක් මම දකින්නේ නෑ. ඕක තණකොළ නැති තැනක දමන්න. එහෙම නැත්නම් සතුන් නැති වතුරක පා කරන්න."

'චිටි' 'චිටි' හඬින් බත් ඇට පිපිරුවා...

පිටිපස්සෙන් දොළක් ගලාගෙන යනවා. භාරද්වාජ ඒ කිරිබත ගිහින් දොළේ දැම්මා. 'චිටි' 'චිටි' 'චිටි' ගාලා බත් ඇට පුපුරන්න ගත්තා. මේක දැකලා මවිල් කෙළින් වුණා. දුම් දදා බත් ඇට පුපුරනවා දැකලා. ආපහු ගියා. කලින් බෞද්ධයෙක් නෙමෙයි. තෙරුවන් සරණ ගිහින් හිටියේ නෑ. එයා ආපස්සට හැරිලා ගියේ බුදුරජාණන් වහන්සේගේ සරණ හොයාගෙන.

මෙයාගෙ සිත ඇතුළේ දෝංකාර දුන්නා බුදුරජාණන් වහන්සේගේ වචන. 'මගේ කුඹුරේ වපුරන්නේ ශ්‍රද්ධාව නමැති බීජ. මං ඒ කුඹුර සීලයෙන් තෙත් කරනවා. සිල් වැස්ස වස්සවනවා කුඹුරට.' ප්‍රඥාවෙන් මං මේ කුඹුර හාන්නේ. මේ වගේ වචන මෙයාගේ ඔළුවේ දෝංකාර දුන්නා.

මගේ කුඹුරේ ඒ කිසිවක් නෑනේ කියලා, ඒ ගැන හිත හිත ගියා. මෙයා බුදුරජාණන් වහන්සේව සරණ ගියා. අන්න සරණ ගියපු හැටි. දැන් එයා නුවණින් විමසලා ඇතිකර ගත්තු චිත්ත ප්‍රසාදයෙන් සරණ ගියේ.

ස්වාධීන මනුස්සයාගේ චිත්ත ප්‍රසාදය වෙනස් වෙන්නේ නෑ...

දැන් පුළුවන්ද එයාගේ ඒ චිත්ත ප්‍රසාදය වෙන කෙනෙකුට වෙනස් කරන්න? බෑ. එක එක්කෙනා මහන්සි ගන්න ඇති. ස්වාධීන මනුස්සයෙක්ව නමන්න බෑ. ඒ කාලේ හිටියනේ විවිධාකාර මතිමතාන්තර තියෙන අය. නමුත් එයා බුදුරජාණන් වහන්සේ සරණ ගිහින් කියනවා "භාග්‍යවතුන් වහන්ස, මමත් කැමතියි මේ කුඹුර වපුරන්න. ඒ කුඹුරෙන් මට වැඩක් නෑ." ඇයි එයා දැනගත්තා තමන්ගේ මේ කුඹුරෙන් ගන්න දේ මොකක්ද? වගාව නම් අන්න වගාව. ප්‍රඥාවෙන් හාන, සීල වැස්සෙන් තෙමන, ශ්‍රද්ධාව වපුරන කුඹුර.

අලුත් කෙතේ අමා ඵල නෙලුවා...

පැවිදි වුණා. සුළු කලයි ගියේ. අන්න ප්‍රඥාවෙන් එයා කුඹුර හෑවා. මනස නැමැති යොත යෙදෙව්වා. ලැජ්ජා භය නැමැති හී වැල අතට ගත්තා. ප්‍රඥාවෙන් හාගෙන ගියා. සීල වැස්සෙන් තෙමුවා. ශ්‍රද්ධා බීජ වැපුරුවා. අස්වැන්න ලැබෙන්න ගත්තා. සෝවාන් වුණා. සකදාගාමී වුණා. අනාගාමී වුණා. රහතන් වහන්සේ නමක් වුණා.

ධර්මය තුළින්මයි හඳුනාගත්තේ...

බලන්න මේ භාරද්වාජ එදා කමතේ සිටිද්දි, කමතේ ඉස්සරහට වැඩම කරපු ඒ තරුණ ශ්‍රමයන් වහන්සේ දකිද්දි හිත පැහැදුණාද? ඇයි දෙතිස් මහා පුරුෂ ලක්ෂණයකින් ශෝභමාන ශරීරයක්නේ තිබුණේ? හිත පැහැදුණේ නෑ. එහෙනම් අපට පේනවා පැහැදුණේ

මොකෙන්ද? බුදුරජාණන් වහන්සේව අඳුනගත්තෙ කුමකින්ද? ධර්මයෙන් අඳුනගත්තේ. ඒ ධර්මය ඇසුවා. ඒ ඇසූ... බුදු මුවින් පිට වූ වචන, අවබෝධය කරා යන වචන නුවණින් විමසුවා. අවබෝධය ඇතිවුණා.

පැහැදීම කියන්නේ පුද්ගලික ප්‍රතිරූපයට ආභරණයක් නොවෙයි...

මෙන්න මේ පැහැදීම තමයි අපේ ජීවිතවලට මූලික පදනම සකස් කරන්නේ. මේ පැහැදීම නැත්නම් අපි ලබාගන්න දැනුම වේලිච්ච එකක්. ඒක වියළී ගිය පැහැදීමක්. එහෙම වුණොත් කුමක් වේවිද? එයා ලබා ගන්න දැනුම තමා හුවාදක්වන්න විතරක් පාවිච්චි කරාවි. අනුන්ව හෙළාදකින්න පාවිච්චි කරාවි. පැහැදීම නැති දැනුම හැමතිස්සේම තියෙන්නේ තමන්ගේ පුද්ගලික ප්‍රතිරූපයට ආභරණයක් හැටියට විතරයි. එතකොට එයා හැමතිස්සේම තමන්ගේ එකක් ඉස්සරහට දාගන්නවා. පැහැදුණා නම් බුදුරජාණන් වහන්සේගේ ධර්මය ගැන, එතැන තමන්ගේ එකක් කියලා එකක් නෑ. එතැන තියෙන්නේ බුදුරජාණන් වහන්සේගේ ධර්මයයි. අන්න ඒකයි මේ පැහැදීමේ තියෙන වටිනාකම. චිත්ත ප්‍රසාදයේ වටිනාකම.

තිසරණයටයි ප්‍රශංසාව ලැබිය යුත්තේ...

පැහැදීම තිබුණේ නැත්නම් තමන් තමන්ට හිතෙන හිතෙන විදිහට තෝරලා, එහෙට මෙහෙට ඇදලා දානවා, තමන්ට ලකුණු ගන්න. තමන්ට වැටහුණා කියලා පෙන්නන්න. ධර්මයේ එහෙම එකක් නෑ. හරියට පැහැදුණා නම් ඒක වෙන්නේ නෑ. හරියට පැහැදුණා නම් හැමතිස්සේම ප්‍රශංසාව හිමිවෙන්නෙ බුදුරජාණන්

වහන්සේට. උන්වහන්සේ වදාළ ධර්මයට. ආර්ය සංඝ රත්නයට තමයි ප්‍රශංසාව හිමිවෙන්නේ.

ප්‍රඥාවෙන් පිළිගන්න...

ඉතින් ඒ බුදුරජාණන් වහන්සේගේ ධර්මය කෙරෙහි පැහැදීම ඇතිකරගැනීම තමයි මේ ජීවිතයේ අපි ඉස්සරහට ආපු වාසනාව. අපි එක එක්කෙනා ඉස්සරහට ආපු වාසනාව තමයි බුදුරජාණන් වහන්සේගේ ධර්මය අසන්න ලැබීම. එතකොට ඒ වාසනාව පිළිගන්න තිබෙන්නේ ප්‍රඥාවෙන්. ඒක අතින් ගන්න බෑ. ඒක ගුලිකරලා ගිලින්න බෑ. ඒ ගෞතම බුදුරජාණන් වහන්සේ විශිෂ්ට වූ ප්‍රඥාවෙන් දෙසූ දහම, ඒ අපගේ ශාස්තෘන් වහන්සේ කරුණු සහිතව දෙසූ දහම, ඒ අපගේ ශාස්තෘන් වහන්සේ ප්‍රාතිහාර්ය සහිතව දෙසූ දහම ඔබ ඉදිරියට එනවා. ඔබට ලැබෙනවා. හැබැයි ඒ දහම ඔබට පිළිගන්න තිබෙන්නේ මොකෙන්ද? නුවණින් විමසීම නැමැති හස්තයෙන්.

ධර්මය ජීවිතයට පිවිසෙන දොරටුව නුවණින් විමසීමයි...

නුවණින් විමසීම නැමැති දේ ඔබ තුළ නැත්නම් ඔබේ ජීවිතයට, ඔබේ ලෝකයට ඒ ධර්මය ඇතුළු වෙන්නේ නෑ. නුවණින් විමසීම නැමැති දේ තුළ තමයි ඔබේ ලෝකයට ඒ ධර්මය ඇතුළු වෙන්නේ. ඒ ධර්මය පිවිසෙන්නේ. නුවණින් විමසීම නැමැති දේ තුළින් ඒ ධර්මය ඔබේ ලෝකයට පිවිසුණු විට ඔබ තුළ ඇතිවෙනවා පැහැදීම. එතකොට ඒ පැහැදීම නුවණින් විමසීම නිසා ඔබ තුළ ඇතිවෙච්ච දෙයක්. එතකොට ඒක බාහිර

කෙනෙකුගේ වචනයක් මත පිහිටපු එකක් නොවෙයි. බාහිර කෙනෙකුගේ කීර්තිය මත හෝ නින්දා මත හෝ පිහිටන එකක් නොවෙයි. ඒක බාහිර කෙනෙකුගේ විවේචන මත හෝ ප්‍රශංසා මත හෝ පිහිටන එකක් නොවෙයි. ඔබ විසින්ම නුවණින් විමස විමසා ඒ බුද්ධ වචනය ඔබේ ජීවිතයට පිළිගන්නවා. තේරුම් ගන්නවා. ඒ තේරුම් ගැනිල්ල තුළ ඔබට පැහැදීමක් ඇතිවෙනවා. අන්න ඒ පැහැදීම ඔබේ දෙයක්. ඒක කාටවත් ඕන ඕන හැටියට වෙනස් කරන්න බෑ.

අන්න ඒ පැහැදීම ඇති එක්කෙනාට කියනවා **(මූලජාතා)** මුල් ඇදලා. ඒ පැහැදීම මුල් ඇදලා. බීජයේ මුල් ඇදලා. ශ්‍රද්ධා නැමැති බීජයේ මුල් ඇදලා නම්, බීජය වැඩෙන්න මොකක්ද ඕනෙ? වැස්ස ඕනෙ. අන්න සීල වැස්ස වහින්න ඕනෙ. එතකොට ඒ බීජවලට මොකද වෙන්නේ? පැළවෙනවනේ.

ශ්‍රද්ධාවත් ඕන... සීලයත් ඕන...

බලන්න සෝතාපත්ති අංග හතර. මොනවද ඒ? බුදුරජාණන් වහන්සේ කෙරෙහි නොසෙල්වෙන පැහැදීම, නොසෙල්වෙන චිත්ත ප්‍රසාදය. ධර්මය කෙරෙහි නොසෙල්වෙන චිත්ත ප්‍රසාදය. ආර්ය මහා සංඝරත්නය කෙරෙහි නොසෙල්වෙන චිත්ත ප්‍රසාදය. ආර්යකාන්ත සීලය. දැක්කනේ ශ්‍රද්ධාවයි, සීලයයි අතර සම්බන්ධය. ශ්‍රද්ධාව නැමැති බීජය මුල් අදින්නේ සීලය නැමැති වැස්සෙන් තෙමිලා. වැස්ස නැත්නම් බීජ මැරෙනවා. සීලයක් නැත්නම් ඉස්සරහට යන්න බැහැ. එතකොට අපි එක එක්කෙනා බුදුරජාණන් වහන්සේගේ ධර්මය නුවණින් මෙනෙහි කරන ආකාරයට තමයි, එක එක්කෙනා තුළ ශ්‍රද්ධාව ඇතිවෙන්නේ. අපි එක එක්කෙනා නුවණින්

විමසන ආකාරයට තමයි ඒ ධර්මය අපට තේරෙන්නේ. එහෙමනම් මේක තනිකරම තමතමන් තුළ ඇති කරගත යුතු දෙයක්.

ගෘහපතිය, ඔබ නිවසේ තාම දන් දෙනවද...?

පින්වත්නි, අද ඔබට මා කියාදෙන්නේ අංගුත්තර නිකායට අයිති දේශනාවක් මේ දේශනාවේ නම වේලාම සූත්‍රය. බුදුරජාණන් වහන්සේගේ අතීත ජීවිතයක් කියලා දෙනවා, තමන්ගේ බොහෝම ශ්‍රද්ධා සම්පන්න ශ්‍රාවකයෙකුට. ඒ ශ්‍රාවක පින්වතා තමයි අනේපිඬු සිටුතුමා. බුදුරජාණන් වහන්සේ ජේතවනාරාමයේ වැඩසිටිද්දි අනාථපිණ්ඩික සිටුතුමා බුදුරජාණන් වහන්සේව බැහැදකින්න පැමිණිලා, ආදරයෙන් වන්දනා කරලා වාඩිවුණා. බුදුරජාණන් වහන්සේ අහනවා **(අපිනුතේ ගහපති කුලේ දානං දීයතී' ති)** "පින්වත් ගෘහපතිය, ඔබේ නිවසේ තාම දන්වැට තියෙනවද?" අනේපිඬු සිටුතුමාගේ මාලිගයේ නිරන්තරයෙන්ම දන්වැටක් තිබුණා. දන්වැටක් කිව්වේ මොකක්ද? නිරන්තරයෙන්ම උදේ වරුවේ දන් දෙනවා. ඕනම භික්ෂූන් වහන්සේ නමකට දානේ ගන්න පුළුවන්.

සිටුතුමාට වෙච්ච හදියක්...

මෙතුමා බැංකුකරුවෙක්. බොහොම සාධාරණ මුදලට පොළියට මුදල් දීපු කෙනෙක්. මෙයාගේ මේ ධාර්මිකකමයි, පිනට නැඹුරු වෙන අසීමිත වේගයයි, දන් දීමයි දැකපු සල්ලි ණයට ගත්තු අය ණය සල්ලි ආපහු ගෙව්වේ නෑ.

මුහුදෙන් දිය දෝතක් ගත්තට මොකද...?

ණය ගත්ත අය බැලුවා 'අනේපිඬු සිටුතුමා තිසරණයේ පිහිටලා, අතපය දිගහැරලා වියදම් කරනවා. රත්තරන් කාසි කෝටිගාණක් ඇතිරුවා ජේතකුමාරයාගේ ජේතවන උද්‍යානයේ. කෝටිගාණක් වියදම් කරලා ගොඩනැගිලි හැදුවා. බුදුරජාණන් වහන්සේ ප්‍රමුඛ ශ්‍රාවක සංඝයාට දුන්නා. තමන්ගේ ගෙදර හැමදාම දානේ දෙනවා. ඉතින් ඔය තියෙන්නේ සල්ලි ඕන තරම්. අපි ගත්තු ටික මොකක්ද?' ඔහොම මෙතුමා දීපු කෝටි ගාණක් ධනය ලැබෙන්නේ නැතිව ගියා. නමුත් මෙතුමා සෝතාපන්න වෙච්චි එක්කෙනෙක්. මෙතුමා ඒ ගැන හිත හදාගත්තා, ඒ පස්සේ ගියේ නෑ. උත්සාහයක් ගන්න ඇති. මිනිස්සු කරන්නෙත් ඒ වගෙ බුරුලක් දැක්කහම මඟහරිනඑකනේ. ණයක් ගත්තට පස්සේ ආයේ දෙතුන් පාරක් ඉල්ලුවාම මඟහරිනවා. ඊට පස්සේ ඉල්ලන්න ගියාම එයාටමයි කරදරේට මුහුණ දෙන්න වෙන්නේ.

සිටුතුමා දුප්පතෙක් වුණා...

ඉතින් මේ නිසා අනේපිඬු සිටුතුමා හිතන්න ඇති 'මේ පස්සේ යන එක තේරුමක් නෑ' කියලා. ඉතින් ගණුදෙනු කරපු, ගණුදෙනුකාර භවතුන් ඒ පොළී ගෙව්වේ නැත්නම්, ණයට ගත්තු මුදල් දෙන්නේ නැත්නම් ඒක බංකොලොත් වෙනවා. අනේපිඬු සිටුතුමා දුගී දුප්පත් වුණා. ඒ දුගී දුප්පත් වෙලා හිටපු කාලෙදි බුදුරජාණන් වහන්සේව බැහැදකින්න ආපු වෙලාවක තමයි මේ ගැන ඇහැව්වේ, 'දැන් කොහොමද ඉස්සර වගේ දන් වැට තාම තියෙනවද?' කියලා. මොකද හේතුව, උන්වහන්සේ දන්නවා එච්චරවත් කරගන්න පුළුවන්කමක් තිබුණේ නෑ.

නමුත් අනේපිඬු සිටුතුමාගේ මේ ධාර්මිකබව දැනගෙන, පැහැදිච්ච දෙවිවරු හිටියා. අනේපිඬු සිටුතුමා කරන මහා පින්කම් අනුමෝදන් වෙවී සිටින දෙවිවරු හිටියා. අනේපිඬු සිටුතුමා දෙවියන්ට කිව්වේ නෑ. දෙවිවරු එකතුවෙලා ගියා මේ ණයකාරයෝ හොයාගෙන. ගිහිල්ලා භයානක වෙස් අරන් කිව්වා "දීපිය ණය... දීපිය ගත්තුවා..." මෙන්න අපූරුවට ඊළඟ සුමානේ පෝළිමට එනවා ණය ගත්තු අය. "මෙන්න ඔබතුමාගේ ණය අපට දෙන්න බැරිවුණා නෙව. අපට ඉතින් වැඩ වැඩි වුණානේ" කියලා. මේ නොදන්න විදිහට, පෝළිමට ගත්තු ණය ආයේ අරගෙන ඇවිල්ලා. මෙතුමා ආයෙමත් ධනවත් ව්‍යාපාරිකයෙක් බවට පත්වුණා.

රහතන් වහන්සේලාට කාඩි හොදියි, බතුයි...

මේ සිද්ධිය තියෙන්නේ එතුමාගේ ජීවිතයේ හොඳටම වැටිලා හිටපු දවස්වල. "ස්වාමීනි, මම තවමත් අපේ ගෙදර තුළ අපේ නිවසේ දානේ දෙනවා. හැබැයි ස්වාමීනි, දෙන්නේ කාඩි හොදියි, බතුයි. අනාථපිණ්ඩික සිටුතුමා කන දේවල් තමයි දෙන්නේ.

දැන් බලන්න රහතන් වහන්සේලා ඒ දානේ සතුටින් පිළිගත්තා. අනේපිඬු සිටුතුමා දුප්පත් වෙච්ච කාලෙදිත් ඒ විදිහටම රහතන් වහන්සේලා ඒ ගෙදරට වැඩියා. ඒ විදිහටම දන්පැන් පිළිගත්තා. ඒ විදිහටම කාඩි හොද්දෙනුයි, බතෙනුයි සෑහීමට පත්වුණා.

දෙන දේ රූක්ෂ වුණත්... ප්‍රණීත වුණත්...

බුදුරජාණන් වහන්සේ ඔන්න හොඳ ලස්සන ධර්මයක් අනේපිඬු සිටුතුමාට මතුකරනවා. "ගෘහපතිය,

රූක්ෂ ආහාර වේවා, ප්‍රණීත ඒවා වේවා, ඒ කියන්නේ දෙන එක කාඩි හොදියි, බතුයි වුණත් ප්‍රශ්නයක් නෑ. ප්‍රණීත ඒවා වුණත් ප්‍රශ්නයක් නෑ. හැබැයි එයා දෙන්නේ **(අසක්කච්චං දානං දේති)** සකස් කොට නොවේ නම්, නොසකස් කොට, අපිළිවෙලින් දන් දෙනවාද **(අචිත්ති කත්වා දේති)** අගෞරවයෙන් දෙනවාද, **(අසහත්ථා දේති)** සිය අතින් නොදෙනවාද, **(අප්පටිවිද්ධං දේති)** බැහැර කරන අදහසින් දෙනවාද, 'අපට වැඩක් නෑ දීලා දාමු' කියලා බැහැර කරන අදහසින් දෙනවාද, **(අනාගමන දිට්ඨිකෝ දේති)** ඒ දීපු දේ ආපහු තමන්ට ලැබෙනවා කියන අදහසින් තොරව දෙනවාද, අන්න ඒකට කියනවා අසත්පුරුෂ දාන" කියලා.

අසත්පුරුෂ දානයක ලක්ෂණ...

අසත්පුරුෂ දානයට කරුණු පහක් තියෙනවා. පළවෙනි එක තමයි සකස් නොකොට දෙනවා. අගෞරවයෙන් දෙනවා. සිය අතින් තොරව දෙනවා. බැහැරලන දෙයක් විලසින් දෙනවා. 'ඕවා ආපහු විපාක දෙන්නේ නැත' කියන අදහසින් දෙනවා. බුදුරජාණන් වහන්සේ පෙන්වා දෙනවා, 'ඔය විදිහට තමයි අසත්පුරුෂයා දානේ දෙන්නේ' කියලා. පින්වතුනි, අසත්පුරුෂ දානේ විපාකත් ඒ විදිහමයි. කොහොමද විපාක දෙන්නේ?

ලැබුණත් පරිභෝගයට හිත නැමෙන්නේ නෑ...

එහෙම අසත්පුරුෂ දාන දෙනවා නම් එයාගේ ජීවිතයේ තුළ ලැබෙන සැප සම්පත් අනුභව කරන්න සිත පහළ වෙන්නේ නැහැ. ලොකු වතු තියෙනවා.

හොඳට ගෙවල් තියෙනවා. දුගී දුප්පත් විදිහට තමයි ජීවත් වෙන්නේ. පරිභෝග කරන්න සිත පහළ වෙන්නේ නෑ. හැඩට, හොඳ ලස්සන වස්ත්‍ර අඳින්න සිත පහළ වෙන්නේ නැහැ. හොඳ යානවාහන ගන්න, සිත පහළ වෙන්නේ නැහැ. ප්‍රියමනාප උදාර වූ පංචකාම ගුණවලට සිත පහළ වෙන්නේ නෑ. එතකොට මේ අසත්පුරුෂ දානයේ විපාක.

තමන් කියන දේ අනිත් අය අහන්නේ නෑ...

ඊළඟට තමන්ගේ දූලා, පුතාලා, ස්වාමිවරු, බිරින්දෑවරු, දැසි දස්සෝ, කම්කරුවෝ තමන්ට කීකරු නෑ. බලන්න ඒකත් අසත්පුරුෂ දානයේ විපාකයක්. තමන්ට කීකරු නෑ. තමන් කියන වචනය අහන්නේ නෑ. **(තං කිස්ස හේතු)** ඒකට මොකක්ද හේතුව? **(ඒවං හේතං ගහපති හෝති අසක්කච්ච කතානං කම්මානං විපාකෝ)** "ගෘහපතිය, සකස් නොකිරීමෙන් යුක්තව කරපු දේවල් වල විපාක තමයි" කියනවා. එහෙනම් අපට මේ ලෝකෙ පේනවා සකස්කොට දන් දීපු අයත් දකින්න ලැබෙනවා. සකස් නොකොට දන් දීපු අයත් දකින්න ලැබෙනවා.

ඊළඟට බුදුරජාණන් වහන්සේ අනේපිඬු සිටුතුමාට කියනවා, "ගෘහපතිය, රූක්ෂ දෙයක් වුණාට කමක් නෑ. ඒ කිච්චේ කාඩි හොදියි, බතුයි වුණාට කමක් නෑ. ප්‍රණීත දෙයක් වුණත් කමක් නෑ. හැබැයි ඒ දෙය පිළිවෙලකට, සකස් කරලා දෙනවා නම්, ගරුසරු සහිතව දෙනවා නම්, සිය අතින් දෙනවා නම්, අවශ්‍ය දෙයක්, විපාක පිළිබඳව දැනුමකින් දෙනවා නම්, ඒකේ විපාක ඔය විදිහට වෙන්නේ නෑ.

එතකොට අසත්පුරුෂ දානේ විපාක දෙකයි. ඒ තමයි, සැප සම්පත් ලැබුණත් ඒවා පරිභෝග කරන්න

හිත නැමෙන්නේ නෑ. ඒ වගේම තමන් කියන දේවල් අන් අය අහන්නේ නෑ. තමන්ට කීකරු නෑ.

කුණු මාළු ගාණට දන් දෙන්න එපා...

පිළිවෙලකට සකස් කරලා දෙනවා කිව්වේ මොකක්ද? දූන් ඇඳුමක් දෙනවා කියමු. ඇඳුමක් දෙනකොට ඇඟිලි දෙකෙන් එල්ලගෙන කුණු මාළු වගේ 'මේන් ගන්නවා...' එහෙමද දෙන්න ඕනෙ? නෑ. කොහොමද ඇඳුමක් දෙන්න ඕනෙ? ලස්සනට නමලා, හදලා, අහුරලා, රිබන් පටියකින් ලස්සනට බැඳලා, බෝ එකක් තියලා දෙනවා නම් එයාට, 'මේන් ඔයාට ලස්සන තෑග්ගක්' කියලා, දුටු පමණින් අනිත් එක්කෙනා ඒකට පහදිනවා. දැන් නිකන් දෙනවාට වඩා ඒකේ විශේෂත්වයක් නැද්ද? එතකොට සකස් කරලා තියෙනවා. ගරුසරු සහිත බව තියෙනවා. අත් දෙකෙන් දෙනවා. **(සහත්ථා)** එහෙම ලස්සනට අහුරපු එකක් හොඳ ලස්සනට රිබන් එකකින් ගැට ගහලා බෝ එකක් තියලා, වීසි කරනවද අපි ඒක? වීසිකරන ඒවට අපි එහෙම කරන්නේ නැනේ. ලස්සනට හදලා දෙනවා ඇඳුමක් දන් දීමේදි.

බලන්න දුප්පත් කෙනෙකුට අපි එහෙම එකක් දුන්නොත් එයා කොයිතරම් සතුටක් ලබයිද? **(සක්කච්චං දේති)** හොඳට සකස් කරලා දෙනවා. ආහාර පාන දෙනවා නම් ඒත් එහෙමයි. ගෙයක් දොරක් දෙනවා කියමු අපි. ලස්සනට පේන්ට් කරලා, හොඳ ලස්සනට හරි ගස්සලා, දොර රෙදි දාලා, ජනෙල් රෙදි දාලා ගෙයක් දෙනවා නම් ඒ ගේ ලබන කෙනා අප්‍රමාණ සන්තෝෂයක් ලබනවා. ඒ වගේ අපි දෙනවා නම් යම් ආහාරයක්, ඒකත් අපි ඒ විදිහට සකස් කරලා දෙනවා නම්, අර කරුණු පහම එතකොට එතැන තියෙනවා."

සත්පුරුෂයෝ මෙහෙමයි දන් දෙන්නේ...

(සක්කච්චං දානං දේති) සකස් කරලා දෙනවා. **(චිත්ති කත්වා දානං දේති)** ගරු සරු සහිතව දෙනවා. **(සහත්ථා දානං දේති)** තමන්ගේ අතින් දෙනවා. **(අනපවිද්ධං දානං දේති)** බැහැර නොකරන අදහසින් දෙනවා. එතකොට ඒ දානේ දෙන්නේ 'වැඩක් නෑ මේවා...' කියන අදහසින්ද? වැඩක් නෑ මේවා කියන අදහසින් නෙමේ දෙන්නේ. වැඩක් නෑ මේවා කියන අදහසින් දෙනවා නම්, ඒක අසත්පුරුෂ දානයට අයිති වෙන්නේ.

දැන් ඔන්න අඹ වැටිලා තියෙනවා. කුණුවෙනවා. 'ඔන්න ළමයෝ ගන්න'. එතකොට ඒ මොනවද ඒ? වීසි කරන්න තියෙන දේවල් කියන අදහස එයාගේ හිතේ තියෙනවා. එතකොට ඒක සත්පුරුෂ දානයක් වෙන්නේ නෑ.

(ආගමන දිට්ඨිකෝ දානං දේති) මං මේ දෙන දේවල් ආපහු මට ලැබෙනවා කියන අදහසින් දෙන්න ඕනෙ කියනවා. තමන්ට ආපහු ලැබෙනවා නම්, බලන්න එතකොට එයා හැමතිස්සේම හොඳ දෙයක් දෙන්නේ. එහෙම තමයි දෙන්න ඕනෙ. එහෙම නැත්නම් ඒ දීම ඒ ලබන එක්කෙනා සතුටට පත්වෙන්නෙත් නෑ. දෙන එක්කෙනා තුළ සම්පූර්ණ පිනක් පෝෂණය වෙන්නෙත් නෑ.

සත්පුරුෂ දානයේ විපාක...

පින්වතුනි, එයා මේ විදිහට සත්පුරුෂ දාන දීලා, සත්පුරුෂ විපාක ලබනවා. මොනවද ඒ විපාක? මෙයාටත්

ගෙවල්, දොරවල්, යාන වාහන, වතු පිටි, මේ වගේ සැප සම්පත් ලැබෙනවා. ඒ උදාර පංචකාම සැප සම්පත් එයා හොඳින් භුක්ති විඳිනවා. සතුටින් ඉන්නවා. ඒ වගේම එයා කියන දේ අන් අය අහනවා. එයාට කීකරුයි. එයාට යටහත් පහත්කම් දක්වනවා. බලන්න සත්පුරුෂ දානයේ විපාක අපූරුයි නේද?

බැලින්නම් කාඩි හොද්ද හොඳයි...

ඔන්න සමහරු දෙනවා, "මේ මිටිකිරි දාන්න එපා. හොඳ නෑ." ඊට පස්සේ කියනවා, "මිරිස් නොදා හිටපන්." මිරිස් දාන්නෙත් නෑ. "දියරෙට හදපන්. ලුණු එපා වැඩිය දාන්න. ඇඹුල් කොහොමත් අගුණයි." අන්තිමට ඒක කාඩි හොද්ද. එහෙම දෙන අයත් ඉන්නවා. හැබැයි ලැබෙන්නෙත් ඒ විදිහට තමයි. දීම කියන එක එහෙම නෙමෙයි කරන්න ඕනෙ. බලන්න දැන් ඒ වෙලාවේ අනේපිඬු සිටුතුමා දුන්නේ කාඩි හොදියි, බතුයි. නමුත් බුදුරජාණන් වහන්සේ ලස්සනට ඒ දෙය විස්තර කරලා කියනවා.

දන් දෙනකොටත් සේඛ බල වැඩෙනවා...

අනේපිඬු සිටුතුමා තුළ මේ සත්පුරුෂ දාන ලක්‍ෂණ පහ තියෙනවා. ඒකනේ අපට පුරුදු කරගන්න කිව්වේ සේඛ බල. මොනවාද ඒ? ශ්‍රද්ධා, සීල, ශ්‍රැත, ත්‍යාග, ප්‍රඥා. දැන් බලන්න අපට ත්‍යාගයත් තියෙනවානේ වඩන්න. ත්‍යාගයත් පුරුදු කරන්න ඕනෙ සේඛ බලයක්. එතකොට මේ විදිහට තමයි දෙන්න ඕනෙ. බොහෝම ලස්සනට, පිළිවෙලට සකස් කරලා. (ආගමන දිට්ඨිකෝ) තමන්ට ආපහු මේවා ලැබෙනවා කියන අදහසින්.

උදාර වූ පංච කාම සම්පත් අනුභව කරන්නේ පිනකට...

මේ වගේ අදහස් හිත හිතා යම් කිසිදෙයක් දුන්නොත් ඔන්න විපාක. එයාට ලැබෙන සැප සම්පත් භුක්ති විඳින්න සිත යොමුවෙනවා. රසවත් ආහාර පාන හදාගෙන කනවා බොනවා. ලස්සන ඇඳුම් අඳිනවා. එයාට ලස්සන ඇඳුම් අඳින්න හිතෙනවා. එයා ඒවා ලස්සනට අඳිනවා. හොඳ වාහනවල යන්න හිතෙනවා. එතකොට එයාට හොඳ වාහනවල යන්න ලැබෙනවා. උදාර වූ පංචකාම සම්පත් ලැබෙනවා. එයාට ඇසින් ප්‍රියමනාප වූ රූප දකින්න ලැබෙනවා. කණින් ප්‍රියමනාප වූ ශබ්ද අහන්න ලැබෙනවා. නාසයෙන් ප්‍රියමනාප වූ සුවඳ ආඝ්‍රාණය කරන්න ලැබෙනවා. දිවෙන් ප්‍රියමනාප වූ රස විඳින්න ලැබෙනවා. ශරීරයට ප්‍රියමනාප වූ පහස ලැබෙනවා. එහෙනම් මේ පහම ප්‍රියමනාප වූ පුණ්‍ය විපාක.

කලින් එකේ තිබුණේ ප්‍රියමනාප වූ දේවල් නෙමෙයි එයාට ලැබෙන්නේ. ඇහෙන් දැක්කත් එච්චර හිතට පැහැදීමක් ඇතිවෙන්නේ නැහැ. ඇහුවත් ඇනුම් බැනුම් තමයි. එහෙම පවුල් නැද්ද? දුගී දුප්පත් වෙලා කුණුවලවල් ළඟ ඉන්නවා. හැමතිස්සේම නාසයට ප්‍රියමනාප අරමුණු නැහැ. ආහාරයක් පානයක් වුණත් බොහෝම දුක සේ හදාගත්තු රොඩු ටිකක්. ශරීරයටත් පහසක් නැහැ. නිදාග න්න තියෙන්නේ ඔය කොහේහරි තැනක.

තමන්ට අන් අය සවන් දෙන්නේ, පිනක් නිසා...

ඉතින් මේ වගේ ජීවිතත් ලෝකයේ තියෙනවා. මේ

සකස් නොකොට දන්දීමේ විපාක. ඊට පස්සේ ගෙවල්වල රණ්ඩු දබර හැමතිස්සේම. අහන්නේ නෑ කියන දේවල්. කීකරු නෑ. හැමතිස්සේම ඉන්න තියෙන්නේ සිතේ පීඩාවෙන් කළකිරීමෙන්. මේකේ හේතුව මොකක්ද? සකස්කොට නොදීම. මේකෙදි බුදුරජාණන් වහන්සේ දේශනා කරනවා ඒ සකස්කොට දීපු එකේ විපාක. ඔහුට සිටිනවා නම් දූලා, පුතාලා, එක්කෝ ස්වාමියා, එක්කෝ බිරිඳ, එක්කෝ දැසිදැස්සන්, කම්කරුවන් මේ සියලුදෙනා ඔහුගේ වචනය පිළිගන්නවා. කියන දේ අහනවා. සවන්දෙනවා. කීකරුවෙනවා. මේකට හේතුව **(ඒවං හේතං ගහපති, හෝති සක්කච්ච කතානං කම්මානං විපාකෝ)** "ගෘහපතිය, මේ සකස්කොට දීපු එකේ විපාක."

දන් දෙන්න කලින් මෙහෙම හිතන්න...

බලන්න එතකොට අපේ ජීවිතවල සකස්වෙන්න කොයිතරම් පැති තියෙනවාද? කොයිතරම් දේවල් තියෙනවාද සකස් වෙන්න? මේ නිසා දානයකදී දන් දෙන්න කලින් මෙන්න මේ ලක්ෂණ ටික ඇති කරගන්න ඕන. මොකක්ද ඒ ඇති කරගන්න ලක්ෂණ පහ? සකස්කොට දන්දෙනවා. හිතන්න "එහෙම මම සකස්කොට දන්දෙන කෙනෙක් වෙනවා. ගෞරව සහිතව දන්දෙන කෙනෙක් වෙනවා. තමා සියතින් දන්දෙන කෙනෙක් වෙනවා. අහක නොදමන දෙයක් දෙන කෙනෙක් වෙනවා. මට මේ දෙන ආකාරයෙන්ම මට ආපහු ලැබෙනවා කියන අවබෝධයෙන් යුක්තව දෙන කෙනෙක් වෙනවා." අන්න එතකොට තමන්ගේ ජීවිතය තුළ සෑහෙන්න පිං රැස්කරගන්න පුළුවන්කම ඇතිවෙනවා.

පිරිසිදුව, පිළිවෙලට දෙන්න...

ලෙඩෙකුට සලකන්න ගියත් එහෙම කරන්න පුළුවන්. කාටහරි කෑම පාර්සලයක් අරගෙන යනවා. ඒකත් බොහොම පිළිවෙලකට අරන් යන්න පුළුවන්. එයාට බොහෝම ගරුසරු ඇතුව දෙන්න පුළුවන්. දැන් බලන්න අපි මහමෙව්නාවේ ඔබට උදේ ආහාර පාන දෙනවා. ගරුසරු ඇතිව නෙමෙයිද දෙන්නේ? පිළිවෙලකට දෙනවා. පිඟන් නැති අයට, පිඟන් ලෑස්තිකරලා තියෙනවා. කෝප්ප නැති අයට කෝප්ප ලෑස්තිකරලා තියෙනවා. මේ සකස්කොට දෙනවා. මොකද ඒ? බුදුරජාණන් වහන්සේගේ ධර්මය තුළින් අපි ඒවා ඉගෙනගෙන තියෙනවා.

මේව දන්නේ නැත්නම්, ඔන්න පාර්සලේ හදනවා බෝලේ එවනවා වගේ එවනවා. 'ආ... අල්ලගන්න' ඈත ඉන්න අයටත් පාර්සලේ. සමහරු වාහනයෙන් ඇවිත් බෙදන්නෙ නේ. එවනවා යවනවා පාර්සල්. සකස්කොට දෙයි. නමුත් දෙන දේ ගැන අවබෝධයක් නෑ. අවබෝධයක් තියෙනවා නම් ලස්සනට පිළිවෙලකට දෙනවා. දැන් බලන්න ඔය අපේ අය දිගටම බොහෝම වෙහෙස මහන්සිවෙලා දන් දෙන්නේ. මම කියලා තියෙන්නේ "ඔයගොල්ලො මේ පින කරන්න. ඔයගොල්ලන්ට ජීවිතකාලෙම සතුටුවෙන්න පුළුවන්. මෙලොව පරලොව දෙකේම යහපත පිණිස පවතිනවා. ඉතින් එදා ඉඳලා, ඒ අය ලස්සනට කරනවා. ඒක තමයි තියෙන්න ඕනෙ.

අපූරු අත්දැකීමක්... ඒත් භයානකයි...

මීට අවුරුදු තුනකට වගේ කලින් මං එක්තරා ප්‍රදේශයකට ගියා. එතැන තුන්දාහක් සිල් අරගෙන හිටියා.

එදා සිල් දවසක්. වෙන අරණ්‍යයක හිටපු දායක සභාවක සභාපති කෙනෙක් මේකට බලෙන් ආවා. එයාට ඕනකම තියෙන්නේ මේකේ නම ගන්න. එයා වෙනම ලෑස්ති කළා මට ඉන්න තැන්, දානේ ගන්න තැන්. මං මොකුත් දන්නේ නෑ. මං කිව්වා, "මං යන්නේ නෑ ඔය නොදන්න තැන්වලට" කියලා. එයා හිතුවා 'මේක සංවිධානය කරපු ප්‍රධාන එක්කෙනා තමයි මට ටෙලිෆෝන් කරලා, මොනවාහරි කියලා මේක වළක්වලා තියෙන්නේ' කියලා. මම දන්නේ නෑ මේ මොකුත්.

දුර්ලභ පිනකට අහඹු අවස්ථාවක්...

එයා දන් දෙන්න බාරගත්තු අයට හොරෙන් ටෙලිෆෝන් කර කර කිව්වා, 'අද වැඩසටහන නෑ' කියලා. මේ අරණ්‍යයක දායක සභාවේ සභාපති. බලන්න මේ මිනිස්සු කරගන්න පව්වල හැටි. අපි කිසිදෙයක් දන්නේ නෑ. අපි වැඩසටහන පටන්ගත්තා. 10.30 විතර වෙනකොට ආරංචි වුණා, තුන්දාහකට දානේ නෑ. වැඩසටහන සංවිධානය කරපු මහත්තයා බොහෝම ශ්‍රද්ධාවන්තයි. බලන්න අරගොල්ලො ඉස්සරහට එන්නේ පින්කම් කරන්න නෙමෙයි. නමුත් දැක්කහම හතරට පහට පෙරළිලා වඳිනවා. ඒ වුණාට හිත ඇතුලේ තියෙන්නේ තමන්ගේ ප්‍රතිරූපය ඉස්සරහට ගන්න මිසක්, පින් දහම් කරන අදහස නෙවෙයි.

ඉතින් අර මහත්තයා ගිහිල්ලා ඒ ප්‍රදේශය පීරලා කොහොමහරි දානේ හොයාගෙන ආවා. කොහොම හරි හොයාගෙන ඇවිල්ලා වෙලාවට දානේ දුන්නා, ලොකු ණයක් වෙලා. මං කිව්වා "ඔබතුමා තමයි ලොකුම පින කරගත්තු එක්කෙනා." ඇයි දුර පළාත් වලින් ඇවිල්ලා හිටියා. මිනිස්සුන්ගේ බලාපොරොත්තුවක් නෑ. සූදානමක්

නෑ. බඩගින්නේ ඉන්නත් බෑ. මං කිව්වා "දුර්ලභ පිනක් ඔබතුමාට අරයා කරලා දුන්නා. ඔබතුමාට දුර්ලභ පිනක් රැස් කරගන්න අවස්ථාවක් දුන්නා." එහෙම අයත් ලෝකයේ ඉන්නවා.

ප්‍රතිරූපය ඉස්සරහට අරන් නම්, කිසි වැඩක් නෑ...

ඉතින් බලන්න මේවා දන්නේ නැත්නම් මේ සමිති සමාගම්වලට අපි ඇවිල්ලා ඇති එලේ මොකක්ද? මේ තාවකාලිකව අපේ පුද්ගල ප්‍රතිරූපය ඉස්සරහට අරගෙන ඇති ප්‍රයෝජනය මොකක්ද? අපි අරගෙන යන්නේ ප්‍රතිරූපය නෙමෙයිනේ. අපි අරගෙන යන්නෙ අපි කරන්නා වූ දේවල්. ඉතින් ඒ නිසා මේකෙදි මේ ගැන දැනුමක් තියෙන්න ඕනෙ. සකස් කොට දන් දෙන්න ඕනෙ. ගෞරව සම්ප්‍රයුක්තව දන්දෙන්න ඕනෙ. සිය අතින් දන්දෙන්න ඕනෙ. අහක නොදමන දේ දන් දෙන්න ඕනෙ. එහි විපාක ආපහු තමන්ට ලැබෙන බව සලකාගෙන දන් දෙන්න ඕනෙ.

බලන්න බුදුරජාණන් වහන්සේට කොයිතරම් අවබෝධයක් මේ ගැන තියෙනවාද කියලා. මේවා දන්නේ නැත්නම් ඇත්තෙන්ම අපට වුණත් අවබෝධයකින් දන් දෙන්න අවස්ථාවක් ලැබෙන්නේ නෑනේ.

ඉස්සර සිදුවීමක්...

බුදුරජාණන් වහන්සේ ඊට පස්සේ අනාථපිණ්ඩික සිටුතුමාට උන්වහන්සේගේ පූර්ව ජීවිතයක් ගැන කියනවා. "පින්වත් ගෘහපතිය, 'වේලාම' කියලා බ්‍රාහ්මණයෙක් හිටියා. මේ වේලාම කියන බ්‍රාහ්මණයා පුදුම විදිහේ

දන්දීපු එක්කෙනෙක්. ඒ කිව්වේ කෑම බීම්, ඇඳුම්-පැළඳුම් ආදි දීපු දේ කෙළවරක් නෑ.

පුදුම දන්දීමක්...

පින්වතුනි, ඒ වේලාමයන් දන් දුන්නේ මෙහෙමයි. රිදී පුරවපු රත්තරන් පාත්‍රා අසූහාරදාහක් දුන්නා දානෙට. රත්තරන් පුරවපු රිදී පාත්‍රා අසූහාරදාහක් දුන්නා. ඇත්තු අසූහාරදාහක් රන්රසු දැලින් සරසලා, සියලු ආභරණ වලින් සරසලා දුන්නා. ඒ වගේම සියලු ආභරණ වලින් සරසලා, ආසනවලට සිංහ හම්දාලා, කොටිහම් දාලා, මුව හම්දාලා, රතුපාට මෙට්ට දාලා, සම්පූර්ණ රත්තරන් වියන් බැඳලා අසූහාරදාහක් අශ්ව රථ දුන්නා.

ගඟක් ගලන්නා වගේ දන් දුන්නා...

ඒ වගේම කිරි දෙන්නු සරසලා අසූහාරදාහක් දුන්නා. ඒ වගේම කසී සළු පොරවාපු ඒ වගේම සියලු ආභරණ වලින් සරසපු කන්‍යාවන් අසූහාරදාහක් දන් දුන්නා. ඒ වගේම ඉතාම මුදු මොළොක් සුවපහසු ආසන පණවලා, උඩට උඩුවියන් බැඳලා, වටේට තිර ඇදලා ඇඳන් අසූහාරදාහක් දන් දුන්නා.

නොයෙක් ආකාරයේ සළුපිළි, පටසළු, කසී සළු, නොයෙක් ආකාරයේ සියුම් වස්ත්‍ර, මුදු මොළොක් වස්ත්‍ර අසූහාරදාහක් දන් දුන්නා. මේකේ තියෙනවා **(නජ්ජෝමඤ්ඤේ විස්සංදන්ති)** ගඟක් ගලන්නා වගේ දන් දුන්නා. කවුද මේ දුන්නේ? වේලාම කියන බ්‍රාහ්මණයා.

අදත් සාධුවරුන්ට ලැබෙනවා...

අදත් හිටපු ගමන් ඉන්දියාවේ එහෙම දෙනවා. මම ඔය ඍෂිකේශ්වල ඉන්න දවස්වල සාධුවරු යනවා යනවා

පෙරහැර වගේ. ඉතිං කොහෙද යන්නේ කියලා ඇහුවා. දානයක්. ගුජරාට් වලින් මුදලාලි කෙනෙක් සීත කාලේ නිසා පොරවන්න බ්ලැන්කට් ට්‍රක් 7ක් පුරවලා ගෙනල්ලා. එක සාධු කෙනෙකුට බ්ලැන්කට් එකයි, රුපියල් 500 යි දෙනවා. ඉතින් එහෙම දන් දෙන අය අදත් ඉන්නවා.

කවුද මේ වේලාම...?

බුදුරජාණන් වහන්සේ සිටුතුමාට කියනවා, "ගෘහපතිය, ඔබට හිතෙන්න පුළුවනි 'කවුද මේ වේලාම...? කවුද මෙහෙම දන් දීපු කෙනා' කියලා. ඒ කෙනා වෙන කෙනෙක් නෙමෙයි. **(අහං තේන සමයේන වේලාමෝ බ්‍රාහ්මණෝ අහෝසිති)** මම තමයි ඒ කාලේ වේලාම බ්‍රාහ්මණයා වෙලා හිටියේ. මම තමයි ඒ වගේ මහා දානයක් දුන්නේ.

එදා පින් කෙතක් තිබුණේ නෑ...

ඒ වුණාට ගෘහපතිය, ඒ දානෙට දන් පිළිග ැනීමට සුදුසු එක්කෙනෙක්වත් ඇවිත් හිටියේ නෑ." දන් පිළිගැනීමට සුදුසු එක්කෙනා කවුද? සෝවාන් කෙනා, දිට්ඨි සම්පන්න. මෙතැනදි පාවිච්චි කරන්නේ දිට්ඨිසම්පන්න කියලා. අඩුම තරමේ සෝවාන් මාර්ගයේ ගමන් කරන අය, ඒ කියන්නේ ශ්‍රද්ධානුසාරී, ධම්මානුසාරී ශ්‍රාවකයන්වත් ඉඳලා නෑ. දන් පිළිගැනීමට සුදුසු " දක්ඛිණෙය්‍ය" වූ එක්කෙනෙක්වත් ඒ දානේ පිළිගන්න හිටියේ නෑ. ඇයි ඒ? ඒ දානෙ දුන්නේ කොයි කාලෙද? අබුද්ධෝත්පාද කාලයක.

දානය පිරිසිදු කරන්න කෙනෙක් හිටියේ නෑ...

ඉන්දියාවේ අදට වුණත් දන් දෙනකොට

'දක්ඛිණෙය්‍ය' අය නෑ, ගෞතම බුදුරජාණන් වහන්සේගේ ශාසනය තුළින් නැවත බිහි කළොත් මිසක්. **(න තං කෝචි දක්ඛිණං විසෝදේති)** 'මගේ ඒ දානය පිරිසිදු කරන්න කවුරුවත් හිටියේ නෑ' එහෙනම් දානය පිරිසිදු වෙන්නේ මොකෙන්ද? පිළිගන්නා කෙනාගේ ගුණය මත තමයි ඒ දානය පිරිසිදු වෙන්නේ.

සෝතාපන්න කෙනාට දානයක් දුන්නොත්...

අනේපිඬු සිටුතුමාට කියනවා "පින්වත් ගෘහපතිය, ඉතින් ඒ වේලාම බ්‍රාහ්මණයා මහා දාන දුන්නා නෙව. යම්කිසි කෙනෙක් එක දිට්ඨිසම්පන්න කෙනෙකුට දානය දෙනවා නම්, අර වේලාම බ්‍රාහ්මණයා දීපු දානයට වඩා මහත්ඵලයි, මහානිසංසයි." බලන්න අර වේලාම බ්‍රාහ්මණයා දීපු දානයට වඩා මහත්ඵලයි, එක දිට්ඨිසම්පන්න කෙනෙකුට දානය දෙනවා නම්. දැන් එතකොට කල්පනා කරලා බලන්න, දෙන දානය මහත් ඵල මහානිසංස වෙන්න නම් බුදුරජාණන් වහන්සේගේ ශ්‍රාවකයෝ බිහිවෙන්න ඕන.

යම් කෙනෙක් ලෝකයාට පිං කරගන්න සලස්වන්න කැමති නම්, ලෝකයා කෙරෙහි කරුණාවන්ත නම්, ලෝකයා කෙරෙහි අනුකම්පාවෙන් යුක්ත නම්, එයා කරන්න තියෙන්නේ ධර්ම මාර්ගයේ ගමන් කරන පිරිස් බිහිකිරීම. විශේෂයෙන් තමන් බුදුරජාණන් වහන්සේගේ සැබෑ ශ්‍රාවකයෙක් වීමයි.

වියදමයි, දානයේ ආනිසංසයි කියන්නේ දෙකක්...

දැන් බලන්න අර වේලාම බ්‍රාහ්මණයා දීපු දානය.

දැන් රත්තරන් පාත්‍ර අසූහාරදාහකට රිදී පුරවලා දෙන්න කොච්චර වියදමක් යයිද? රිදී පාත්‍ර අසූහාරදාහකට රත්තරන් පුරවලා දෙන්න කොච්චර වියදමක් යයිද? සම්පූර්ණ රත්තරන්, මිණිකොඬොල් ආභරණ වලින්, රන්රසු දැලින් සරසපු හස්ති රාජයන් අසූහාරදාහක් දෙන්න කොච්චර වියදමක් යයිද? සියලු ආභරණ වලින් සරසපු හස්තීන් ඉන්න අශ්ව රථ අසූහාරදාහක් දන් දෙන්න කොච්චර වියදමක් යයිද?

බුදුරජාණන් වහන්සේ මෙතැනදි පැහැදිලි කරනවා දිට්ඨිසම්පන්න කෙනෙකුට යම් කෙනෙක් දානයක් දෙනවාද, ඒ දානය අරතරම් වියදමක් කරලා දෙන මහා දානයට වඩා මහත්ඵලයි, මහානිසංසයි.

සකදාගාමී කෙනාට දානයක් දුන්නොත්...

ඊළඟට බුදුරජාණන් වහන්සේ දේශනා කරනවා "ගෘහපතිය, ඒ වේලාම බ්‍රාහ්මණයා මහා දානයක් දුන්නනේ. ඒ දානයත්, ඒ වගේම යම්කිසි කෙනෙක් දිට්ඨිසම්පන්න ශ්‍රාවකයන් සියයකට දන් දෙනවා නම් ඊටත් වඩා, යම් කෙනෙක් එක සකදාගාමී කෙනෙකුට දන් දෙනවා නම් ඒ දානය මහත්ඵලයි, මහානිසංසයි." කියනවා. ඒ කියන්නේ සෝතාපන්න වූ ශ්‍රාවකයන්, සියයකට දන් දෙනවාට වඩා සකාදාගාමී එක්කෙනෙකුට දන් දෙනවා නම් ඒ දානය මහත්ඵලයි කියනවා.

අනාගාමී කෙනෙකුට දෙන දානය...

ඊළඟට බුදුරජාණන් වහන්සේ දේශනා කරනවා "ගෘහපතිය, අර වේලාම බ්‍රාහ්මණයාගේ මහා දානයටත්, ඒ වගේම යම්කිසි කෙනෙක් සකදාගාමී සියදෙනෙකුට

දෙන දානයටත් වඩා මහත්ඵලයි, මහානිසංසයි, අනාගාමී එක් කෙනෙකුට දානයක් දීම."

එක රහතන් වහන්සේ නමකට පුදන දානයේ විපාක...

ඊළඟට බුදුරජාණන් වහන්සේ දේශනා කරනවා, "මේ වේලාම බ්‍රාහ්මණයා මහා දානයක් දුන්නා. ඒ වගේම කෙනෙක් අනාගාමී වුණ සියයකට දන් දෙනවා. ඊට වඩා මහානිසංසයි එකම එක රහතන් වහන්සේ නමකට දානය පූජා කිරීම" කියලා.

බලන්න පින වැඩෙන හැටි...

ඊළඟට බුදුරජාණන් වහන්සේ දේශනා කරනවා "වේලාම බ්‍රාහ්මණයා මහා දානයක් පූජා කළා. ඊට වඩා මහත්ඵලයි දිට්ඨිසම්පන්න එක්කෙනෙකුට එක දානයක් දීම. ඒ දිට්ඨිසම්පන්න සියයකට දෙනවාට වඩා මහත්ඵලයි, සකදාගාමී එක්කෙනෙකුට දානයක් දීම. සකදාගාමී සියයකට දෙනවාට වඩා මහත්ඵලයි, අනාගාමී එක් කෙනෙකුට දන් දීම. අනාගාමී එක් කෙනෙකුට දුන්නාට වඩා මහත්ඵලයි එකම එක රහතන් වහන්සේ නමකට දන්දීම. ඒ රහතන් වහන්සේලා සියක් නමකට දෙන දානයට වඩා මහත්ඵලයි, එකම එක පසේබුදුරජාණන් වහන්සේ නමකට දන්දීම.

පසේබුදුරජාණන් වහන්සේලා සියක් නමකට දන් දෙනවාට වඩා මහත්ඵලයි, සම්මා සම්බුදුරජාණන් වහන්සේ නමකට දන්දීම.

සම්මා සම්බුදුරජාණන් වහන්සේ නමකට දන් දෙනවාට වඩා මහත්ඵලයි, සම්මා සම්බුදුරජාණන් වහන්සේ ප්‍රමුඛ භික්ෂු සංඝයාට දන්දීම.

ඒ සම්මා සම්බුදුරජාණන් වහන්සේ ප්‍රමුඛ භික්ෂු සංඝයාට දන් දෙනවාට වඩා මහත්ඵලයි, සතර දිසාවෙන් වැඩම කරන ආර්ය මහා සංඝරත්නය උදෙසා ආවාසයක් කරවන එක.

සියලු දානවලට වඩා මහත්ඵලයි, මහානිසංසයි පැහැදුණ සිතින් තෙරුවන් සරණ යෑම...

සතර දිසාවෙන් වඩින මහා සංඝරත්නය උදෙසා ආවාස ගෙයක් කිරීමෙන් ලැබෙන පිනට වඩා මහත්ඵලයි, මහානිසංසයි, සිත පහදවාගෙන බුදුරජාණන් වහන්සේ සරණ යෑම, සිත පහදවාගෙන ධර්මයේ සරණ යෑම, සිත පහදවාගෙන ශ්‍රාවක සංඝයා සරණ යෑම.

බලන්න මේකෙ තියෙන වචනය... ලස්සන ඒකයි **(පසන්න චිත්තෝ බුද්ධං ච ධම්මං ච සංඝං ච සරණං ගච්ඡෙය්‍ය)** එතකොට මේ සරණ යන්න කියන්නේ නිකන්ද? නෑ.., පහන් සිතින්. එහෙනම් අපට මේ බුද්ධ වචන වලින් පේනවා, අපට නියම විදිහටම සරණ පිහිටන්නෙ සිත පහදවාගෙන සරණ ගියපු දවසට. සිත පහදවාගෙන සරණ යන්න නම්, ඒ බුදුරජාණන් වහන්සේ වදාළ දේශනා ගැන අපට ශ්‍රවණය කරන්න ලැබෙන්න ඕන. ඒ බුද්ධ දේශනා අපි නුවණින් විමසන්න ඕනෙ.

පහන් සිතින් සිල් රැක්කොත්...

ඊළඟට බුදුරජාණන් වහන්සේ වදාළා, ඒ වගේම මහත්ඵලයි **(පසන්න චිත්තෝ සික්ඛාපදානි සමාදියෙය්‍ය)** එහෙනම් සිත පහදවා ගන්නේ තෙරුවන් කෙරෙහි පමණක් නෙවෙයි. එහෙනම් සීලයත් සිත පහදවාගෙන

සමාදන් වෙන්න කියනවා. සීලය වධයක් නෑ එතකොට. වධයක් වෙන්නේ නෑ කවදාවත්. එයා ඒකට කැමැතියි. මොකද හේතුව? එයා පහන් සිතින් තමයි සිල් සමාදන් වෙලා තියෙන්නේ.

මේකෙ තියෙනවා ලස්සනට. ඒ කෙනා සතුන් මැරීමෙන් වැළකී සිටිනවා පහන් සිතින් සිත පහදවාගෙන. ඒ කෙනා සොරකම් කිරීමෙන් වැළකී සිටිනවා සිත පහදවාගෙන. ඒ කෙනා කාම මිථ්‍යාචාරයෙන්, අනාචාරයේ හැසිරීමෙන් වැළකී සිටිනවා. බොරු කීමෙන් වැළකී සිටිනවා. ඒ සිල්පද ගැන සිත පහදවාගෙන සිටිනවා. මත්පැන්, මත්ද්‍රව්‍ය පාවිච්චියෙන් වැළකී සිටිනවා. ඒ කෙනා ඒ සිල්පදය ගැන සිත පහදවාගෙන සිටිනවා. දැන් බලන්න මේ ඔක්කොටම පදනම මොකක්ද? සිත පහදවා ගැනීම.

නුවණින් විමසන කොටයි සිත පහදින්නේ...

මේ සිත පහදවාගැනීම නියමාකාරයට ඇතිවෙනවා, බුදුරජාණන් වහන්සේගේ ධර්මය අහලා නුවණින් මෙනෙහි කරනකොට. හරියට නුවණින් මෙනෙහි කරන එක සිදුවුණේ නැත්නම්, සිත පහදින්නේ නෑ. සිත පහදින්නේ නැත්නම් ඒ දැනුම තියෙන්නේ වාදයටයි.

'ඕක ඔහොම නෙමෙයි... ඕක මෙහෙමයි...' කිය කියා මොනවා හරි වාදයක්, විවාදයක් ඇති කරගන්නවා. අවබෝධයක් නොවෙයි. සිත පහදවා ගත්තොත් එහෙම නෑ. බුදුරජාණන් වහන්සේ මෙහෙම දේශනා කරලා තියෙනවා... මෙහෙම දේශනා කරලා තියෙනවා... මෙහෙමත් දේශනා කරලා තියෙනවා කියලා, ඒ බුදුරජාණන් වහන්සේ වදාළ ධර්මය ඒ අයුරින්ම දරා ගන්නවා. ඒක තමයි සිත පැහැදුණාම වෙන්නේ.

සුළු මොහොතේ මෙත් සිතක ආනිසංසය...

ඊළඟට බුදුරජාණන් වහන්සේ දේශනා කරනවා "ඒ වගේම පහන් වූ සිතින් සිල් සමාදන් වෙනවාටත් වඩා මහත්ඵලයි, මහානිසංසයි යම්කිසි කෙනෙක් අඩු ගණනේ මලක් සිඹින වෙලාවක්, මෛත්‍රී චිත්තය වඩනවා නම්" බලන්න කොච්චර පුංචි මොහොතක් ගැනද මේ කියන්නේ.

පින් කරන්න සල්ලි ඕනෙමද...?

දැන් බලන්න බුදු කෙනෙක් පහළ වෙලා මෙහෙම දේශනා කරද්දි තමයි මිනිස්සු මේවා දැනගත්තේ. දැන් ඕනෑම දුප්පත් කෙනෙකුට ඕනෑම තරාතිරමක කෙනෙකුට මහත් සේ පින් උපදවාගන්න පුළුවන්. නැත්නම් සල්ලි තියෙන කෙනෙක් හොඳට වියදම් කරලා දානයක් දෙනකොට අපට හිතෙන්නේ මොකක්ද? 'අනේ... අපිට කොහෙද සල්ලි? අපට පින් දහම් කරන්න සල්ලි නෑනේ.' පින් දහම් කරන්න සල්ලි ඕනෙ නෑ කියලා මම පත්තරයක ලිපියක් දාලා, මට බැනලා ලිපියක් දාලා තිබ්බා.

බුදුරජාණන් වහන්සේගේ ධර්මය කා උදෙසාද...?

කවුරුහරි කිව්වොත්, 'පින් දහම් කරන්න වියදම් කරපන්... නුඹලා වියදම් නොකළොත් නුඹලාට පින් නැත...' කියලා. එතැන තියෙනවාද බුදුරජාණන් වහන්සේගේ ධර්මය? බුදුරජාණන් වහන්සේගේ ධර්මය තිබෙන්නේ ධනවතුන් පිණිස නොවේ. බුදුරජාණන් වහන්සේගේ ධර්මය තිබෙන්නේ දිළින්දන් පිණිස ද නොවේ. බුදුරජාණන් වහන්සේගේ ධර්මය තිබෙන්නේ

කවුරුන් උදෙසාද? නුවණ මෙහෙයවන්නනුන් උදෙසාය. නුවණ මෙහෙය වන්නේ කවුද? ප්‍රඥාවන්ත කෙනා. (**පඤ්ඤාවන්තස්සායං ධම්මෝ. නායං ධම්මෝ දුප්පඤ්ඤස්ස**) "මාගේ මේ ධර්මය තිබෙන්නේ නුවණ මෙහෙයවන කෙනාටය. නුවණ මෙහෙයවන්නේ නැතිකෙනාට නොවේ. දුෂ්ප්‍රාඥ කෙනාට නොවෙයි.

ඉතින් මේ නිසා මේකෙදි සල්ලි වියදම් කරලා නෙමෙයි මේ පින් රැස්වෙන්නේ. එහෙම වුණා නම් බුදුරජාණන් වහන්සේ මේ වගේ දේශනාවල් කරාවිද? මේ වේලාම සූත්‍රය බලන්න කොයිතරම් ලස්සනද? අඩු ගණනේ මේ මලක් සිඹින වෙලාවක් මෙත් සිත වඩන්න කියනවා.

සියලු සතුන් හට මෙත් සිතයි වඩන්නේ...

මෛත්‍රී සිත වඩන්නේ කොහොමද? මම වෛර නැත්තෙක් වෙම්වා...! තරහ නැත්තෙක් වෙම්වා...! ඊර්ෂ්‍යා නැත්තෙක් වෙම්වා...! දුක් පීඩා නැත්තෙක් වෙම්වා...! සුවසේ ජීවත් වෙම්වා...! ශාන්ත සුවයට පත්වෙම්වා...! මා මෙන්ම..... කියලා, ඒ පිරිස් වෙන් කරලා... මෙත් සිත වඩන්න ඕන. ඒ වෙන් කිරීමෙදි පුළුවන් තමන්ට දිශා වශයෙන් වෙන් කරන්න. එහෙම නැත්නම් පුළුවන් ප්‍රදේශ වශයෙන් වෙන් කරන්න.

මහග්ගත චේතෝවිමුක්තිය...

ප්‍රදේශ වශයෙන් මෙත්සිත පැතිරවීම තමයි මහග්ගත චේතෝවිමුක්තිය කියන්නේ. කොහොමද ප්‍රදේශ වශයෙන් වෙන් කරන්නේ? ඉස්සෙල්ලා ගෙදර... ඊළඟට ගම... ඊළඟට නගරය... එහෙම නැත්නම් පළාත... ඊළඟට රට... ඊළඟට ලෝකය... මේ වගේ ප්‍රදේශ වශයෙන් වෙන්

කරගෙන යනවා ඒකට මොකක්ද කියන්නේ? 'මහග්ගත චේතෝවිමුක්තිය'.

අප්පමාණ චේතෝ විමුක්තිය...

එහෙම නැත්නම් මේ මෛත්‍රිය වඩනවා දිශා වශයෙන්. දිශා වශයෙන් කොහොමද වෙන් කරන්නේ? උතුරු දිශාව... උතුරු දිශාව කිව්වම ඒ දිශාවේ ප්‍රමාණයක් නෑ. කෙළවරක් නෑ. ප්‍රමාණ රහිත කොට, ඒ දිශාවට අප්‍රමාණ විදිහට මෛත්‍රී සිත වඩනවා. ඒ වගේම උතුරු අනු දිශාව... නැගෙනහිර දිශාව... නැගෙනහිර අනු දිශාව... මේ ආදී වශයෙන් දස දිසාවම සිහිකරනවා. ඒක මොකද්ද? 'අප්පමාණ චේතෝවිමුක්තිය'.

සක් පිඹින කෙනාගේ උපමාව...

ඒකට බුදුරජාණන් වහන්සේ උපමාවක් කිව්වා. මොකද්ද? සක්පිඹින කෙනා හක්ගෙඩිය අරගෙන උතුරු පැත්තට හරවලා පිඹිනවා. ඊට පස්සේ එයා උතුරු අනුදිශාවට පැත්තට හැරිලා පිඹිනවා. ඊට පස්සේ එයා නැගෙනහිර දිශාවට හැරිලා පිඹිනවා. ඊට පස්සේ නැගෙනහිර අනුදිශාවට පිඹිනවා. අට දිශාවටම පිඹිනවා. ඊට පස්සේ එයා යටට හරවලා පිඹිනවා. උඩට හරවලා පිඹිනවා. මේ වගෙයි කියනවා දසදිශාවන්ට ප්‍රමාණයක් නැතිව, අප්‍රමාණව ඒ දිශාවට සීමාවක් නැතිව, අප්‍රමාණ විදිහට මෛත්‍රිය වඩනවා. ඒක මොකක්ද? 'අප්පමාණ චේතෝවිමුක්තිය'

බලන්න එතකොට මේ ධර්මය ඇහුවට පස්සේ, පින් තියෙන කෙනාට මේවා කොහොම කොහොම හරි කරගන්න පුළුවන්කම ලැබෙනවා. ධර්මය ඇහුවේ නැත්නම් එයා දන්නේ නෑ, මෛත්‍රිය කොහොමද

වඩන්නේ කියලා. නිකම් මෛත්‍රිය කියලා කිය කිය හිටියට, මෛත්‍රිය කොහොමද ප්‍රගුණ කරන්නේ කියලා දන්නේ නෑ. ප්‍රමාණ රහිතව මෙත් සිත වැඩීම මහත්ඵලයි. ඇයි මේ ඔක්කොම හිතේනෙ හැදෙන්නේ. හිත පිරිසිදු වෙනවනේ. හිතේ තියෙන නපුරු, දරුණු ස්වාභාවය නැතිවෙලා යනවනේ.

ජීවිතයේ කරන්න පුළුවන් ලොකුම පින... අසුරු සැණකින්...

ඊළඟට බුදුරජාණන් වහන්සේ දේශනා කරනවා "ඒ වගේම මහත්ඵලයි, මහානිසංසයි අසුරුසැණක් ගහන මොහොතක්... (අසුරු සැණක් කිව්වේ පුංචි වෙලාවක්.) අනිත්‍ය සංඥාව වඩනවා නම් එය මහත්ඵලයි, මහානිසංසයි" කියලා. ඒ පිනට සමාන කරන්න තවත් පිනක් නෑ.

මේවා මගේ අදහස් නොවෙයි... බුද්ධ දේශනා...

එතකොට මේ ලෝකෙ දිහා අනිත්‍යයයි කියලා බලන්න කිව්වේ බුදුරජාණන් වහන්සේ. එහෙනම් මේ කියන්නේ මා විසින් ස්වයං භූ ඥාණයෙන් අවබෝධ කරපු එකක්ද? නෑ.

අපි කවුද? අපි මේ සසරේ අතරමං වෙලා මේ කෙළවරක් නැතිව හිතට වසඟ වෙලා අතරමං වෙවී ගියපු අය නේද? අපි කෙළවරක් නැතුව හිතට වසඟ වෙලා අතරමං වෙවී සංසාරේ හිතෙන හිතෙන දේවල් කිය කිය, හිත හිත හිටපු අය. වාසනාවට ගෞතම බුදුරජාණන් වහන්සේගේ බුද්ධ දේශනා කියවන්න ලැබුණා. ඒ උතුම්

බුද්ධ දේශනා නුවණින් මෙනෙහි කරන්න ලැබුණා. ඒ උතුම් බුද්ධ දේශනා නුවණින් මෙනෙහි කරද්දි සිත පැහැදුණා. සිත පැහැදිලා ඒ උතුම් දේශනාවල් මෙන්න මෙහෙම දේශනා කරලා තියෙනවා කියලා කියාගෙන ගියා. ඔච්චරනේ කළේ. එතකොට ඒක අහන එක්කෙනා පහදින්න ඕනෙ බුදුරජාණන් වහන්සේගේ දේශනාවටනේ. බුදුරජාණන් වහන්සේ මේ විදිහටත් දේශනා කරලා තියෙනවා කියලා පහදින්න ඕන.

දැන් එතකොට බලන්න මේ වේලාම සූත්‍රය. ඕනම කෙනෙකුට අංගුත්තර නිකායේ නව වෙනි නිපාතය අරන් බලන්න පුළුවන්.

මේ ධර්මය වනාහී...

මේ ධර්මය කාගෙද? ලෝ සතුන්ගේ යහපත පිණිස, දෙවි මිනිසුන්ගේ යහපත පිණිස, දෙවි මිනිසුන් කෙරෙහි මහත් අනුකම්පාව උපදවාගෙන මේ මහා භද්‍ර කල්පයේ සම්මා සම්බුද්ධත්වයට පත් වී වදාළ 'ගෞතම' නම් වූ සම්මා සම්බුදුරජාණන් වහන්සේගේ දේශනා. අපි උන්වහන්සේව සරණ ගියා. සරණ ගියාට පස්සේ අපි කැමැතියි උන්වහන්සේ අපගේ යහපත උදෙසා දේශනා කරපු ධර්මය අහන්න.

දැන් මේ දේශනා කළේ තිකම් කෙනෙකුටද? උන්වහන්සේ වෙනුවෙන් කෝටි ගාණක් දෙවරක් නොසිතා වියදම් කරපු කෙනෙකුටයි දේශනා කළේ 'මේ ඔක්කොටම වඩා මහත්ඵලයි, මහානිසංසයි පහන් සිතින් බුදුරජාණන් වහන්සේව සරණ යෑම, ධර්මය සරණ යෑම, ශ්‍රාවක සංඝයා සරණ යෑම, පහන් සිතින් සීලයෙහි පිහිටීම, මලක් සිඹින වෙලාවක් මෛත්‍රී වැඩීම, ඇසුරු

සැණක් ගහන මොහොතක් අනිත්‍ය සංඥාව වැඩීම.' එහෙම නේද තිබුණේ. දැන් බලන්න එතකොට මේ ගිහි කෙනෙකුටනෙ මේ කියන්නේ.

අනිත්‍ය සංඥාව පුරුදු වීම කෙතරම් යහපතක් ද...?

එතකොට බලන්න මේ අනිත්‍ය සංඥාව නුවණින් විමසන්න ගත්තොත්, අසුරු සැණක් හෝ, එය කොයිතරම් යහපතක්ද? බුදුරජාණන් වහන්සේ විතරමයි අපට දේශනා කළේ 'මේවා අනිත්‍ය වශයෙන් බලන්න' කියලා. ලෝකයේ වෙන කිසිම කෙනෙක් දේශනා කළේ නෑ. ඒකට මොකද හේතුව? මේ ලෝකයේ වෙන කවුරුවත් එවැනි අවබෝධයක් ඇතිකරගෙන නෑ. දැන් බුදුරජාණන් වහන්සේ කෙරෙහි හිත පහදිද්දි අපේ පැහැදීම ඇතිවෙන්නේ මොකටද? උන්වහන්සේ තුළ තියෙන මේ අවබෝධය ගැන නේද?

ජීවිතය අවුල් වෙන උපදෙස් ධර්මයේ නෑ...

බුදුරජාණන් වහන්සේ තුළ ඇති අවබෝධය ගැනයි අපේ හිත මේ පහදින්නේ. බලන්න උන්වහන්සේ මෛත්‍රී සිත වඩන්න කිව්වා. ඊළඟට අනිත්‍ය සංඥාව වඩන්න කිව්වා. දැන් අපි කවුරු හරි ඒකට ගැරහුවොත් 'අනිත්‍ය සංඥාව වඩන්න එපා... ජීවිතය අවුල් වෙයි' එහෙමනම් බුදුරජාණන් වහන්සේ මනුෂ්‍යයන් කෙරෙහි කරුණාව ඇති කෙනෙක් නෙමෙයිනේ. ජීවිතේ අවුල් වෙන උපදෙස් දෙනවාද උන්වහන්සේ? 'අනිත්‍ය වශයෙන් වඩන්න එපා. නුඹලාට ජීවිතේ එපාවෙයි. ගෙවල් අවුල් වෙයි. පවුල් කඩා ඉහිරෙයි. කඩා විසිරීයයි' එහෙම කිව්වොත් එහෙම මේකෙ වැරදිකාරයා කවුද? ඇයි බුදුරජාණන් වහන්සේනේ

අපට මේ දේශනා කරන්නේ ඇසුරු සැණක් ගහන මොහොතක් අනිත්‍ය වඩන්න, මහත්ඵලයි, මහානිසංසයි කියලා.

විපරීත සංඥාවේ ස්වභාවය...

එහෙමනම් අපි මේ 'ජීවිත අවබෝධය ඇතිකර ගැනීම ජීවිත කඩාකප්පල් වීමට හේතුවක්, ජීවිත අවබෝධය ජීවිත කඩාකප්පල් වීමට හේතුවක්' කියලා කවුරුහරි කියනවා නම්, එහෙනම් ජීවිතේ සාර්ථකත්වයේ රහස, ජීවිතයේ සාර්ථකත්වය තියෙන්නේ අවිද්‍යාව මත. ඇයි, අනිත්‍ය නුවණින් මෙනෙහි කිරීමත් නරක නම්, මෛත්‍රිය වැඩීමත් නරක නම්, (භාවනා කියන්නේ කුසල්) කුසල් උපදවීමත් නරක නම්, පින් කිරීමත් නරක නම්, එහෙනම් හොඳ මොකක්ද? අවිද්‍යාවයි, අයෝනිසෝ මනසිකාරයයි, පංච නීවරණයි, පංච දුශ්චරිතයි, දස අකුසලුයි තමයි හොඳ වෙන්නේ.

බුදුරජාණන් වහන්සේගේ ධර්මය තුළ අපි නුවණින් කල්පනා කරලා බලන්න ඕනෙ. අපි එකඑක්කෙනා ගත්තොත් අපි දැනුම ගන්නේ සාමාන්‍යයෙන් පොත්පත් ඇසුරෙන්. නමුත් පොත්පත් ඇසුරෙන් කොයිතරම් ඤාණයක් ලබාගන්න මහන්සි ගත්තත්, බාහිර පොත්පත් වලින් නම්, කවදාවත් අපිට මේ කුසල් අකුසල් ගැන නිවැරදි අවබෝධයක් ඇති කරගන්න හම්බ වෙන්නේ නෑ.

මට පුදුම හිතුණා...

ඉන්දියාව බුදුවරු පහළ වෙච්ච රටනේ. බුදුවරු පහළ වෙච්ච රටේ සමහර පැරණි ගම්වල තියෙනවා

'පංචබලි දාන' කියලා දානයක්. ඒ 'පංචබලි දානෙට සත්වයන් පස් වර්ගයක් මරන්න ගන්නවා. හරකෙක්, එළුවෙක්, ඌරෙක්, කුකුලෙක්, මිනිහෙක්. අදටත්. මං මේ සිද්ධිය අහලා පුදුම වුණා, මධ්‍ය ප්‍රදේශවල ගම් ඇතුලේ තාමත් තියෙනවා කියලා. මේකට පාරේ ඇවිදගෙන යන, වනාන්තර වලින් ඇවිදගෙන යන අහිංසක සාධුවරයෙක් තමයි හැම පාරම අල්ලන්නේ.

සැබෑව කතා නොකරන සමාජයක තතු...

ඔන්න දානය ගැන හරියට කතා නොකරපු සමාජයට වෙච්ච දේ. සීලය ගැන කතා නොකරපු සමාජයට වෙච්ච දේ. භාවනාව කියන්නේ කුමක්ද කියලා කතා නොකරපු සමාජයට වෙච්ච දේ. කුසල් කියන්නේ කුමක්ද කියලා කතා නොකරපු සමාජයට වෙච්ච දේ. අකුසල් කියන්නේ කුමක්ද කියලා කතා නොකරපු සමාජයට වෙච්ච දේ. එතකොට අපි නුවණින් කල්පනා කරන්නට ඕනෙ. බුදුරජාණන් වහන්සේගේ ධර්මය අපි අහන නිසයි මේවා අපි නුවණින් විමසන්නේ.

මේ සියල්ල අනිත්‍යයයි... අත්හරින්න වෙනවා...

බලන්න දැන් අනිත්‍යය සංඥාව අපි නුවණින් විමසනවා නම් මේක අපට නොඇල්ම පිණිස උපකාර වෙන්නේ නැද්ද? අවබෝධයක් තුළින් මේ ජීවිතේ නොඇලී සිටින්ට උපකාර වෙනවා. අනවබෝධයකින් නොවෙයි. අපි දන්නවා නම් ඇස අනිත්‍යයි කියලා, අපි දන්නවා නම් කණ අනිත්‍යයි කියලා, අපි දන්නවා නම් නාසය අනිත්‍යයි කියලා, අපි දන්නවා නම් දිව අනිත්‍යයි කියලා,

අපි දන්නවා නම් මේ කය අනිත්‍යයි කියලා, අපි දන්නවා නම් මේ මනසත් අනිත්‍යයි කියලා, මේ අනිත්‍ය දේවල් පවතින්නේ, අපි මේ අවිද්‍යා සහගතව තෘෂ්ණාවෙන් බැඳිලා කරන කර්ම නිසා කියලා, අපට අවබෝධයක් තියෙනවා නම්, මේ අනිත්‍ය වූ ලෝකය තුළ අපි අකුසල් පැත්තට යන්නේ නෑ නේද? අපි පුළුවන් තරම් එතකොට හටගන්නා වූ අකුසල් අවබෝධ කරගන්නවා.

මෙයා නුවණින් විමසනවා 'මේ ඇස, කණ, නාසය, දිව, කය, මනසත් අනිත්‍යයයි. මේකත් මට අතහරින්න තියෙන්නේ. මං එහෙනම් මොකටද අකුසල් අල්ලගෙන ඉන්නේ? මං මේ බාහිර දේවල් අල්ලගෙන ඉන්නේ මොකටද? මේ අකුසල් හටගන්න දේවල්?' කියලා එයා හැමතිස්සේම උපේක්ෂාවට පත්වෙනවා. ඉතින් ඒක තමන්ගේ ජීවිතේට විශාල රැකවරණයක්, ආරක්ෂාවක්.

නුවණින් විමසීම ජීවිතයට විශාල රැකවරණයක්...

අපි කියමු බැරි වෙලාවත් තමන්ගේ ජීවිතේට අයිති දේවල් තමන්ට අහිමි වුණොත්, අහිමි වෙද්දි, හඬන්නේ නැතිව, ශෝක කරන්නේ නැතිව, වැළපෙන්නේ නැතිව, කෙස් කඩා විසුරුවා ගන්නේ නැතිව, පපුවට ගහගන්නේ නැතිව ඉන්න පුළුවන්නේ. ඇයි අනිත්‍ය ලෝකේ සිදුවන දේවල් තමයි මේ සිද්ධ වෙවී තියෙන්නේ. ඒකෙ අමුත්තක් එයා දකින්නේ නෑ. අන්න අනිත්‍යය ගැන ජීවිතයක ඇතිවන අවබෝධය. එතකොට නුවණින් විමසීම කොයිතරම් අපට උපකාර වෙනවාද? කොයිතරම් අපට පිහිට වෙනවාද?

අට ලෝ දහම අනිත්‍ය වශයෙන් විමසන්න ඕනේ...

මොකද හේතුව? අපට වරින් වර අෂ්ට ලෝක ධර්මයට මුහුණදෙන්න සිද්ධවෙනවා. අපට ලාභ ලැබෙනවා. එතකොට අපි අවබෝධ කරගෙන සිටින්න ඕනෙ 'මේ ලාභ අනිත්‍යයයි. පාඩු සිදුවෙනවා. අලාභයත් අපි අවබෝධ කරගෙන සිටින්න ඕනෙ, මේ අලාභත් අනිත්‍යයයි... අපට අයස, අපකීර්තිය ඇතිවෙනවා. එතකොට අපකීර්තිය ඇතිවෙනකොට අපි අවබෝධ කරගන්න ඕනෙ, මේ අපකීර්තිය අනිත්‍යයයි... යස, කීර්තිය ඇතිවෙනවා. එතකොට අපි අවබෝධ කරගන්න ඕනෙ, මේ කීර්තිය අනිත්‍යයයි... අපට නින්දා ලැබෙනවා. නින්දා ලැබෙනකොට අපි අවබෝධ කරගන්නට ඕනෙ, මේ නින්දාත් අනිත්‍යයයි... අපට ප්‍රශංසා ලැබෙනවා. ප්‍රශංසා ලැබෙනකොට අපි අවබෝධ කරගන්නට ඕනෙ, මේ ප්‍රශංසා අනිත්‍යයයි... අපට සැප ලැබෙනවා, මේ සැපත් අනිත්‍යයයි... අපට දුක් ලැබෙනවා. දුකත් අනිත්‍යයයි...'

මේ අෂ්ට ලෝක ධර්මය නිතරම මේ ලෝකෙ කැරකි කැරකී තියෙන්නේ. ලෝකෙත් කැරකෙන්නේ අට ලෝ දහමට අනුවයි. කිසිම දවසක නින්දාම විතරක් ලැබෙන්නෙත් නෑ. ප්‍රශංසාම විතරක් ලැබෙන්නෙත් නෑ. ලැබෙනවා කියලා ලාභ විතරක් ලැබෙන්නෙත් නෑ. හැමතිස්සේම මේවා වෙනස් වෙනවා අනිත්‍යය නිසා.

රහතන් වහන්සේලා සිහිකරමින් ජීවිතයට මුහුණ දෙමු...

ඉතින් ලෝකේ අනිත්‍යය දකින කෙනා මේ ජීවිතය

පිළිබඳ සම්පූර්ණයෙන් අවබෝධ කරගත්තොත්, චතුරාර්ය සත්‍යය පරිපූර්ණ වශයෙන් අවබෝධ කරගත්තොත් උන්වහන්සේට කියන්නෙ රහතන් වහන්සේ. රහතන් වහන්සේට තියෙනවා අටලෝ දහමින් කම්පා නොවෙන ගුණය. 'තාදි ගුණය' කියලා කියන්නේ ලෝ දහමින් කම්පා නොවෙන ස්වභාවයට. බලන්න පෝයදාට සීලය පවා රකින්න කියලා වදාළේ රහතන් වහන්සේලාව අනුගමනය කරලනේ. විශාඛා උපෝසථ සූත්‍රය මතකයිනේ. ඒ නිසා අපිත් බුදුරජාණන් වහන්සේගේ ධර්මය සරණ ගිය ශ්‍රාවකයන් විදිහට ජීවිතේ අර්බුද එනකොටත් රහතන් වහන්සේලා අනුගමනය කොට ඉවසන්න ඕනෙ. රහතන් වහන්සේලාත් මේ වගේ දේවල්වලට මුහුණදෙනවා. භාග්‍යවත් බුදුරජාණන් වහන්සේත් මේ අෂ්ට ලෝක ධර්මයට මුහුණදුන්නා. ඒ උත්තමයන් වහන්සේලා කම්පා වුණේ නෑ. එහෙනම් ඒක තමයි අපටත් පුරුදු කරගන්නට ඕනෙ' කියලා අපි ටික ටික ඒ විදිහට නුවණින් විමස විමසා මුහුණදෙද්දි අපේ තුළ වර්ධනය වෙන්නේ ඔය අනිත්‍යය සංඥාවයි.

යථාර්ථය තුළ ප්‍රතිරූපය ගොඩ නැගෙන්නේ නෑ...

එහෙම නැතිව පුද්ගලික ප්‍රතිරූපය ආරක්ෂා කරගන්න ගියොත් අපට හැමතිස්සේම ඉන්න වෙන්නේ කම්පා වෙවී. ඇයි පුද්ගලික ප්‍රතිරූපය සම්පූර්ණයෙන් ගොඩනැගෙන්නේ 'නිත්‍යයයි, සුඛයි, ආත්මයයි' කියන දෘෂ්ටි මත. ඒක යථාර්ථයක් මත ගොඩනැගෙන එකක් නෙමෙයි. ඒක දෘෂ්ටියක් මත ගොඩනැගෙන එකක්. ඒ නිසා අපට ඒ දෘෂ්ටිය නෙමෙයි වැදගත් වෙන්නේ යථාර්ථයයි.

අවබෝධයට ප්‍රවේශ වන්නේ අනිත්‍යය අවබෝධ වීමෙන්...

ඉතින් ඒ නිසා මේ ජීවිතය ගැන නුවණින් විමසීමේ දි අනිත්‍යය වශයෙන් අපට බලන්න පුළුවන් නම්, එයාට අනිත්‍යය හොඳට ප්‍රකට වුණොත් මොකද වෙන්නේ? අනිත්‍යය ප්‍රකට වුණොත් දුක අවබෝධ වෙනවා. හොඳට දුක ප්‍රකට වුණොත් අවබෝධ වෙනවා තමාගේ වසඟයේ පවත්වන්න බැරි දේ. මොකක්ද ඒ? 'අනාත්මයි' කියන කාරණය අවබෝධ වෙනවා. එහෙනම් මේ සියලු අවබෝධයන්ට ප්‍රවේශය මොකක්ද? අනිත්‍යය සංඥාව. අනිත්‍යය ගැන නුවණින් කල්පනා කිරීම.

දුක ගැන කථා නොකළා කියලා දුක නැතිවෙන්නේ නෑ...

බලන්න බුදුරජාණන් වහන්සේ අපට ජීවිත අවබෝධයට වුවමනා කරන මංපෙත් විවර කර දී තිබෙන ආකාරය. උන්වහන්සේ ජීවිතය ගැන කතා කරපු සෑම වචනයක්ම අවබෝධයෙන් කතා කරලා තියෙන්නේ. දැන් දුක ගැන කතා කළොත් සමහරු කියනවා... "ඔන්න පටන් අරගෙන දුක ගැන කතා කරන්න... හරි වැඩක්නෙ..." දුක ගැන කතා කරන්න කැමති නෑ. දැන් ඔන්න සමාජයෙන් එනවා කියමු විරෝධයක් දුක ගැන කතා කරන්න එපා කියලා. අපි දුක ගැන කතා කරන්නේ නෑ කියමු. එහෙනම් අපි දුක ගැන කතා කරන්නේ නැත්නම්, ඒ මොනවා ගැනද කතා කරන්නේ නැත්තේ? ඉපදීම ගැන, ජරාව ගැන, මරණය ගැන, සෝකය ගැන, වැළපීම ගැන, කායික දුක් ගැන, මානසික දුක් ගැන,

සුසුම් හෙලීම් ගැන. කොටින්ම පංච උපාදානස්කන්ධය ගැන කතා කරන්නේ නෑ. එතකොට දුක නැතිව යනවද?

අවබෝධය ඇතිවෙන දේවල් කථා කරන්න ඕන...

ලෝකේ කතා කරන්නේ නෑ ඒ ගැන. එහෙනම් ලෝකෙට මොකද වෙලා තියෙන්නේ? ඒ දුකෙන්ම වැහිලා. දැන් දුක ගැන කතා කළොත් අපට ඊළඟ එක කතා කරන්න වෙනවා. මොකක්ද ඒ? මේ දුක හටගත්තේ කොහොමද? ඇයි මේ දුක පවතින්නේ? කියන කාරණාව ඔන්න කතා කරන්න වෙනවා. එතකොට අපි කතා කරනවා දුක හටගන්නේ මේ මේ දේවල් නිසා. දුක හටගන්න හේතුවෙච්ච අනවබෝධය ගැන, තෘෂ්ණාව ගැන, කර්ම ගැන කතා කරනවා. දැන් දුක ගැන කතා කරන්නේ නැත්නම්, වගක් නැතිව ඉන්නවා නම්, දුකේ බැහැලා.. ඊටපස්සේ දුක හටගන්න එක ගැන කතා කරන්න ඕනත් නෑ. එහෙමනම් දුක හටගන්න යම් හේතුවක් තියෙනවද ඒකෙනුත් වැහිල යනවා.

නිවන ගැන ඇහෙන්න ඕන...

දැන් දුක හටගන්න හේතු කතා කළොත් ඊට පස්සේ අපට විසඳුම පැහැදිලි වෙනවා. මොකද්ද ඒ විසඳුම? මේ හේතු නැත්නම් මේ දුක නෑ නේද? දුක්ඛ නිරෝධය ගැන කථාකරන්න අවස්ථාව ලැබෙනවා. එතකොට තමයි දුක්ඛ නිරෝධය පැහැදිලි වෙන්නේ, 'අපි මේ දුකේ බැහැගෙන හිටියට මේ දුක නිරුද්ධ වෙන එකක් නෙව' කියලා. එතකොට තමයි අපට අවශ්‍ය වෙන්නේ මේ දුකෙන් නිදහස් වන්නා වූ මාර්ගය මොකද්ද කියලා විමසන්න.

බුදුරජාණන් වහන්සේ පෙන්වා දෙනවා, මෙන්න දුකෙන් නිදහස්වෙන මාර්ගය 'ආර්‍ය අෂ්ටාංගික මාර්ගය' කියලා. ඔන්න ඒ ගැන කතාකරන්න වෙනවා. අපට දුක ගැන කතාකිරීමෙන් තමයි යථාර්ථය විවෘත වෙන්නේ. ඇයි, මේකේ දුක තියෙනවා. දුක හටගන්න හේතු තියෙනවා. දුක නැතිවෙන්නේ නෑ, මේ හේතු හැදෙනකම්. හේතු හැදෙනකම් දුක තියෙනවා.

හේතු සකස්වෙන කොට සකස්වෙවී යන ධර්මතාවයක් තියෙනවා. හේතු නැතිවෙන කොට නැතිවී යන ධර්මතාවයකුත් තියෙනවා. මේක තේරුම් ගන්න නම් කතා කරන්න ඕනෙ. කතා කරන්නේ නැති එක්කෙනා දුකෙන් සම්පූර්ණයෙන්ම වැහිලා යනවා. දුක හටගන්න හේතුවෙච්ච කාරණා හැමතිස්සේම තියෙනවා. ඒක ප්‍රහාණය වෙන්නේ නෑ. දුක නැතිවෙන ආකාරය දන්නේ නැති නිසා එක එක දේවල් පස්සේ යනවා. දුක්ඛ නිරෝධයත් දන්නේ නෑ. දුක්ඛ නිරෝධගාමිනීපටිපදාවත් දන්නේ නෑ. සම්පූර්ණ ලෝකයම අවිද්‍යාවෙන් වැහිලා යනවා.

ඉතින් ඒ නිසා ඒ අවිද්‍යාවෙන් වැහුණු ලෝකයෙන් මිදෙන්නට, අපට උතුම් චතුරාර්‍ය සත්‍යය ධර්මය අවබෝධ කරගන්නට, වාසනාව උදාවේවා...!

සාදු! සාදු!! සාදු!!!

නමෝ තස්ස භගවතෝ අරහතෝ සම්මාසම්බුද්ධස්ස
ඒ භාග්‍යවත් අරහත් සම්මා සම්බුදුරජාණන් වහන්සේට නමස්කාර වේවා!

02.
සාරිපුත්ත සීහනාද සූත්‍රය

(අංගුත්තර නිකාය 5 - සීහනාද වර්ගය)

ශ්‍රද්ධාවන්ත පින්වත්නි,

දැන් අපි ඉගෙනගන්න සූදානම් වෙන්නේ බුදුරජාණන් වහන්සේගේ ශ්‍රාවක වූ, ඒ ආර්ය මහා සංඝරත්නය තුළ වැඩසිටියා වූ ධර්ම සේනාධිපති වූ සාරිපුත්ත මහරහතන් වහන්සේ ගැන. අපි දන්නවා සාරිපුත්ත මහරහතන් වහන්සේ අග්‍ර කුමකටද? ප්‍රඥාවට. දවසක් සේල බ්‍රාහ්මණයා බුදුරජාණන් වහන්සේගෙන් ඇහුවා, "ස්වාමීනි, භාග්‍යවතුන් වහන්ස, ඔබවහන්සේ මහා රජ කෙනෙක්. ඔබවහන්සේ ධර්මරාජ කෙනෙක්. ඔබවහන්සේගේ මේ ධර්ම රාජ්‍යයේ සෙන්පති කවුද?" බුදුරජාණන් වහන්සේ වදාළා, "මාගේ ධර්ම රාජ්‍යයේ සේනාපති තමයි සාරිපුත්ත..."

දරුවන් බිහි කරන අම්මා වගේ...

සාරිපුත්ත මහරහතන් වහන්සේ තමයි බුදුරජාණන්

වහන්සේ වදාළ ධර්මය, චතුරාර්ය සත්‍යය ධර්මය මනාකොට දේශනා කරන්න දක්ෂ ශ්‍රාවක උත්තමයන් වහන්සේ. සාරිපුත්ත මහරහතන් වහන්සේ ගැන බුදුරජාණන් වහන්සේ උපමාවක් දේශනා කළා 'සච්ච විභංග' කියන සූත්‍රයේදී. මොකක්ද උපමාව? සාරිපුත්ත මහ රහතන් වහන්සේ හරියට දරුවන් බිහි කරන අම්මා වගේ. **(සෙය්‍යථාපි භික්ඛවේ ජනෙත්ති යදිදං සාරිපුත්තෝ)** "මේ සාරිපුත්තයන් වහන්සේ කියලා කියන්නේ දරුවන් බිහි කරන අම්මා වගේ". **(සාරිපුත්තෝ භික්ඛවේ සෝතාපත්ති ඵලේ විනේති)** සාරිපුත්ත මහරහතන් වහන්සේ තමයි බොහෝ භික්ෂූන් වහන්සේලා, බොහෝ ශ්‍රද්ධාවන්ත උපාසක උපාසිකාවන් සෝවාන්ඵලයට පත්වෙන ආකාරයට ධර්මය ඉගැන්නුවේ.

ගුණ දැකීම ලේසි වැඩක් නෙවෙයි...

(පහෝති භික්ඛවේ සාරිපුත්තෝ චත්තාරි අරිය සච්චානි ආචික්ඛිතුං දේසේතුං පඤ්ඤපේතුං පට්ඨපේතුං විවරිතුං විභජිතුං උත්තානිකාතුං) සාරිපුත්ත මහරහතන් වහන්සේට පුළුවන් චතුරාර්ය සත්‍යය ධර්මය ඉස්මතු කර කර දක්වන්න. ඒ සාරිපුත්ත මහරහතන් වහන්සේ තුළ තිබුණු කුසලතාවයට සමාන කුසලතාවයක් වෙන කිසිම ශ්‍රාවකයන් වහන්සේ නමක් තුළ තිබුණේ නෑ. ඉතින් මේ සාරිපුත්ත මහරහතන් වහන්සේගේ ගුණ හඳුනාගන්න පුළුවන් අය ඒ කාලේ හිටියා. ඒ වගේම හඳුනාගන්න බැරි අයත් හිටියා.

එක සූත්‍රයක තියෙනවා බුදුරජාණන් වහන්සේ ආනන්ද හාමුදුරුවන්ගෙන් අහනවා, "ආනන්දය, සාරිපුත්තයන් ගැන ඔබේ හිත පහදිනවාද...?" එතකොට ආනන්ද ස්වාමීන් වහන්සේ කියනවා, "ස්වාමීනි,

භාග්‍යවතුන් වහන්ස, සාරිපුත්තයන් වහන්සේ ගැන හිත පහදින්නේ නැත්නම් එයාගෙන් ඇති වැඩේ මොකක්ද...?" නමුත් බුදුරජාණන් වහන්සේගේ කාලේ සමහර භික්ෂූන් වහන්සේලා හිටියා සාරිපුත්ත මහරහතන් වහන්සේව පවා හඳුනගන්න බැරුව.

මේ සූත්‍ර දේශනාවේ නම තමයි 'සාරිපුත්ත සිංහනාද සූත්‍රය'. සාරිපුත්ත මහරහතන් වහන්සේගේ සිංහනාදයක් වැනි ප්‍රකාශය කුමක්ද කියලා අපි දැන් බලමු.

චාරිකාවේ වඩින්න පිටත් වුණා...

බුදුරජාණන් වහන්සේ ඒ දවස්වල වැඩසිටියේ සැවැත් නුවර ජේතවනාරාමයේ. ඉතින් සාරිපුත්ත මහ රහතන් වහන්සේ ඇවිල්ලා භාග්‍යවත් බුදුරජාණන් වහන්සේට වන්දනා කරලා කිව්වා, "ස්වාමීනි, භාග්‍යවතුන් වහන්ස, මම සැවැත් නුවර මේ පාර වස් වැසුවා. දැන් වස් කාලය ඉවරයි. ස්වාමීනි, මම දැන් ජනපද චාරිකාවේ පිටත් වෙන්න කැමතියි." බුදුරජාණන් වහන්සේ "හොඳයි, එහෙනම් ජනපද චාරිකාවේ වඩින්න." කිව්වා. ඉතින් බුදුරජාණන් වහන්සේට වන්දනා කරලා, පැදකුණු කරලා පිටත් වුණා. පැදකුණු කරනවා කියන්නේ බුදුරජාණන් වහන්සේ වටේට වැඳගෙන යනවා කියන එක.

ධර්ම සේනාධිපතිටත් අභූතයෙන් චෝදනා...

ඒ පිටත්වෙච්ච සුළු වෙලාවකින් තව භික්ෂුවක් මූණ එල්ලගෙන, අමුතු විදිහට බුදුරජාණන් වහන්සේ ළඟට ආවා. ඇවිල්ලා බුදුරජාණන් වහන්සේට කියනවා, "අනේ ස්වාමීනි, භාග්‍යවතුන් වහන්ස, ඔය සාරිපුත්තයන් වහන්සේ මාත් එක්ක ගැටුණා. ගැටිලා මගෙන් සමාව

ගන්නේ නැතිවයි ඔය පිටත් වෙලා යන්නේ...” කිව්වා. දැන් බලන්න ඒ කාලෙත් ඉඳලා තියෙනවා පෙනි පෙනී බොරු කියන අය. බුදුරජාණන් වහන්සේ ඉදිරියට ගිහිල්ලා අසත්‍ය චෝදනා කරන අය ඒ කාලෙත් හිටියා. බුදුරජාණන් වහන්සේගේ බුදු ගුණවත් එතකොට මේ පුද්ගලයා හඳුනන්නේ නෑ. බුදුරජාණන් වහන්සේ මේ ඇත්තන්ගේ හිත් දකින බවවත් දන්නේ නෑ. ගිහින් කිව්වා, “අනේ, ස්වාමීනි, බලන්න මට කළ විපත... මේ සාරිපුත්තයන් වහන්සේ මට සය්හා, පෙළා, සමාව නොගෙන පිටත් වුණා” කිව්වා.

බුදුරජාණන් වහන්සේ භික්ෂුවකට කතා කළා. කතා කරලා කිව්වා, “භික්ෂුව, මෙහෙ එන්න... ඉක්මණින් ගිහිල්ලා සාරිපුත්තට කියන්න, ‘අන්න ඔබවහන්සේව ශාස්තෘන් වහන්සේ ආපහු කැඳවනවා...’ කියලා.” ඉතින් ඒ ස්වාමීන් වහන්සේ හනික ගිහින් සාරිපුත්තයන් වහන්සේට කිව්වා, “ආයුෂ්මත් සාරිපුත්තයන් වහන්ස, අන්න ඔබවහන්සේට ශාස්තෘන් වහන්සේ අඬගහනවා...” කියලා. “එසේය ආයුෂ්මතුනි” කියලා පිළිතුරු දුන්නා.

ආනන්ද ස්වාමීන් වහන්සේ කුටියක් ගානේ ගියා...

මේ සිද්ධවෙන සිද්ධිය බලාගෙන හිටියා මහා මොග්ගල්ලාන මහරහතන් වහන්සේ. ඒ වගේම ආනන්ද ස්වාමීන් වහන්සේ. ඉතින් මහා මොග්ගල්ලාන මහරහතන් වහන්සේත්, ආනන්ද ස්වාමීන් වහන්සේත් කුටියක් ගානේ ගියා. කුටියක් ගානේ ගිහිල්ලා, ඒ දොරවල්වලට තට්ටු කළා. තට්ටු කරලා කිව්වා, “ආයුෂ්මතුන් වහන්ස, ඉක්මණට වඩින්න... ඉක්මනට වඩින්න... තව ස්වල්ප

වෙලාවකින් භාග්‍යවතුන් වහන්සේ ඉදිරියේදී අපගේ සාරිපුත්තයන් වහන්සේ සිංහනාදයක් කරනවා... ඒ නිසා ඉක්මණට වඩින්න..." කිව්වා.

හනිකට සඟ පිරිස රැස්වුණා. එතැන සංඝයාගෙන් පිරුණා. සාරිපුත්ත මහරහතන් වහන්සේ බුදුරජාණන් වහන්සේ ළඟට වැඩියා. වැඩම කරලා බුදුරජාණන් වහන්සේට වන්දනා කළා. වන්දනා කරලා පැත්තකින් වාඩිවුණා.

සිහනදක ඇරඹුම...

බුදුරජාණන් වහන්සේ අහනවා, "සාරිපුත්ත, මේ එක්තරා සබ්‍රහ්මචාරීන් වහන්සේ නමක්, එක්තරා භික්ෂුවක් ඔබට චෝදනා මුඛයෙන් කතා කරනවා. මේ කෙනා කියනවා, 'ස්වාමීනි, ආයුෂ්මත් සාරිපුත්තයන් වහන්සේ මා සමඟ ගැටී, මාව පෙලා, සමාව නොගෙන පිටත්වුණාය...' කියලා." ඔන්න චෝදනාව ඉදිරිපත් කළා. ඔන්න බුදුරජාණන් වහන්සේ ඉදිරියේ සාරිපුත්ත මහරහතන් වහන්සේ සිංහනාදයක් කරනවා. බලන්න මේ සිංහනාදයේ ලස්සන...

මම මහ පොළොව වගෙයි...

"ස්වාමීනි, භාග්‍යවතුන් වහන්ස, මේ ශරීරය ගැන කායානුපස්සනා භාවනාවේ සිහිය පිහිටපු නැති කෙනෙක් නම්, ඔය කියන ආකාරයට ගැටිලා, සමාව නොගෙන පිටත්වෙලා යාවි. ස්වාමීනි, භාග්‍යවතුන් වහන්ස, මං දූන් මහපොළොව දිහා බලනවා. මහපොළොව දිහා බලද්දී මට පේනවා, මේ මහපොළොවට මිනිස්සු දානවා පිරිසිදු දේවල්. ඒ වගේම මේ මහපොළොවට මිනිස්සු දානවා අපිරිසිදු දේවල්. ස්වාමීනි, මහපොළොවෙ

මිනිස්සු අසූචි දානවා. මහ පොළොවට මිනිස්සු මුත්‍රා කරනවා. මහපොළොවට මිනිස්සු කාරලා කෙළ ගහනවා. මහපොළොවට මිනිස්සු සැරව දානවා. මහපොළොවට මිනිස්සු ලේ දානවා. නමුත් ස්වාමීනි, මහපොළොව කිපෙන්නේ නෑ. මහපොළොව අමනාප වෙන්නේ නෑ. මහපොළොව ඒ ගැන පිළිකුලක් ඇති කරගන්නෙත් නෑ. මහපොළොව ඒ ගැන ඇකිලෙන්නෙත් නෑ. ස්වාමීනි, මට හිතෙනවා මම මහපොළොව වගේය..." කියලා.

අපමණ මෙත් සිතමය පතුරන්නේ...

"ස්වාමීනි, මම අප්‍රමාණ සිතින්, මහග්ගත සිතින් වාසය කරනවා. මහග්ගත සිතින් කියන්නේ ප්‍රදේශ වශයෙන් මෛත්‍රී වැඩූ සිතින්. අප්‍රමාණ සිතින්, ප්‍රමාණ රහිතව දිශා වශයෙන් මෛත්‍රී වැඩූ සිතින් මම වෛර නැති, තරහ නැති සිතින් වාසය කරනවා. මහපොළොව වගේ ඕන දෙයක් හමුවේ නොසැලී ඉන්නවා" කියනවා.

ජලයේ හැමදේම සෝදනවා. ඒත් හැකිලුණාද...?

ඊට පස්සේ කියනවා, "ස්වාමීනි, භාග්‍යවතුන් වහන්ස, කායානුපස්සනා භාවනාව තුළ හොඳට සිත තැන්පත් වෙච්ච නැති, කායානුපස්සනාව තුළ තමන්ගේ කය කෙරෙහි සිහිය පිහිටපු නැති කෙනෙක් නම් ඔය කියන ආකාරයේ ගැටුමක් ඇතිවෙලා, සමාව නොගෙන පිටත්වෙලා යාවි. ස්වාමීනි, භාග්‍යවතුන් වහන්ස, මං බලනවා ජලය දිහා. මේ ජලය පිරිසිදු දේත් සෝදනවා. මේ ජලය අපිරිසිදු දේත් සෝදනවා. මේ ජලයෙන් අසූචිත් සෝදනවා. මේ ජලයෙන් මූත්‍රාත් සෝදනවා. මේ ජලයෙන් සෙම්සොටුත් සෝදනවා. මේ ජලයෙන් ලේ සැරවත්

සෝදනවා. නමුත් ස්වාමීනි, ජලයෙන් එහෙම සෝදද්දි ජලය අප්පිරියාවෙන් ඇකිලෙන්නේ නෑ. ජලය පිළිකුලට පත්වෙන්නේ නෑ. ජලය ඒ සෝදද්දිත් ගැටෙන්නේ නෑ. ස්වාමීනි, මට හිතෙනවා මම ජලය වගේය... කියලා. ස්වාමීනි, මම ප්‍රදේශ වශයෙන්, දිශා වශයෙන් අප්‍රමාණ කොට, වෛර රහිත, තරහ නැති මෙත් සිත වඩනවා..."

ගින්නට පිරිසිදු, අපිරිසිදු භේදයක් නෑ...

ඊළඟට කියනවා, "ස්වාමීනි, භාග්‍යවතුන් වහන්ස, තමන්ගේ කය ගැන කායානුපස්සනා භාවනාව වැඩිච්ච නැති එක්කෙනෙක් නම් ඔය කියන ආකාරයට ගැටිලා, සමාව නොගෙන පිටත්වෙලා යයි. ස්වාමීනි, භාග්‍යවතුන් වහන්ස, මං බලාගෙන හිටියා ගින්න දිහා. ගින්න දවනවා පිරිසිදු දේවල්. ඒ වගේම ගින්න දවනවා අපිරිසිදු දේවල්. ස්වාමීනි, ගින්න අසූචිත් දවනවා. ගින්න මූත්‍රාත් පුච්චලා දානවා. ගින්න කෙළ සොටුත් පුළුස්සා දමනවා. ගින්න ලේ සැරවත් පුළුස්සා දමනවා. ස්වාමීනි, ගින්නට වැටෙන දේවල් ගින්න පුච්චලා දමද්දි, ගින්න ඒ ගැන පිළිකුලක් ඇති කරගන්නේ නෑ. අමනාපයක් ඇති කරගන්නේ නෑ. ගින්න ගැටීමක් ඇති කරගන්නේ නෑ. ස්වාමීනි, භාග්‍යවතුන් වහන්ස, මට සිතෙනවා මගේ සිත ගින්නක් වගේ... කියලා. ස්වාමීනි, මං වෛර නැති, තරහ නැති සිතින්, මහග්ගත සිතින්, ප්‍රමාණ රහිත වූ මෙත් සිත පතුරනවා..."

සුළඟ වගේ සිතක්...

ඊළඟට සාරිපුත්ත මහරහතන් වහන්සේ වදාළා, "ස්වාමීනි, භාග්‍යවතුන් වහන්ස, මේ කයේ කායානුපස්සනා භාවනාව නොවැඩූ කෙනෙක් නම් ඔය කියන ආකාරයට

ගැටිලා, සමාව නොගෙන චාරිකාවේ පිටත්වෙලා යාවි. ස්වාමීනි, මං බලාගෙන ඉන්නවා සුළඟ දිහා. මේ සුළඟේ පිරිසිදු දේත් හමාගෙන යනවා. මේ සුළඟ අපිරිසිදු දේවලුත් හමාගෙන යනවා. මේ සුළඟින් අසූචිත් හමාගෙන යනවා. මේ සුළඟින් මූත්‍රා ගඳත් හමාගෙන යනවා. මේ සුළඟින් කෙළ, සොටු ගඳත් හමාගෙන යනවා. මේ සුළඟින් සැරව ගඳත් හමාගෙන යනවා. මේ සුළඟින් ලේ ගඳත් හමාගෙන යනවා. ස්වාමීනි, ඒ වුණාට ඒ සුළඟ ඒ හේතුවෙන් පිළිකුලට පත්වෙලා ඇකිලෙන්නේ නෑ. ඒ සුළඟ නොහමා සිටින්නෙත් නෑ. ස්වාමීනි, මට හිතෙනවා මගේ සිත සුළඟ වගේය... කියලා. ප්‍රමාණ රහිත වූ, මහත් වූ මෙත් සිත පතුරුවා ගෙන මා වාසය කරනවා..."

ස්වාමීනි, මම මෙහෙමත් කල්පනා කරනවා...

"ස්වාමීනි, භාග්‍යවතුන් වහන්ස, කායානුපස්සනාව භාවනාව නොවැඩුන කෙනෙක් නම් ඔය කියන ආකාරයට තමන් සමඟ එකට සිටින භික්ෂූන් වහන්සේ නමක් සමඟ ගැටිලා, සමාව නොගෙන පිටත්වෙලා යයි. ස්වාමීනි, මං දැකලා තියෙනවා දූවිලි පිහදන රෙදිකෑලි. මේ දූවිලි පිහදන රෙදිකෑලි වලින් පිරිසිදු දේත් පිහදනවා. අපිරිසිදු දේත් පිහදනවා. අසූචි වැටුණාම අසූචිත් පිහදනවා. මුත්‍රා වැටුණාම මූත්‍රාත් පිහදනවා. කෙළ වැටුණාම කෙළත් පිහදනවා. සැරව වැටුණාම සැරවත් පිහදනවා. ලේ වැටුණාම ලේත් පිහිදනවා. ස්වාමීනි, ඒ පිහදන පිසිනාකඩ කවදාත් ඒ හේතුවෙන් ඇකිලෙන්නේ නෑ. පිළිකුල ඇතිකරගන්නේ නෑ. ගැටෙන්න යන්නේ නෑ. 'මට පිහදාන්න බෑ' කියලා ඇඹරෙන්නේ නෑ. ස්වාමීනි, මට හිතෙනවා මම දූවිලි පිහදන රෙදිකැබැල්ලක් වගේ...

කියලා. ස්වාමීනි, මම වාසය කරන්නේ මහග්ගත වූ, අප්‍රමාණ ප්‍රමාණ රහිත වූ මෛත්‍රී සිත පතුරුවාගෙනයි...”

අදහාගන්න බැරි නිහතමානීකමක්...

“ස්වාමීනි, භාග්‍යවතුන් වහන්ස, මේ ශරීරය ගැන කායානුපස්සනා භාවනාව පිහිටපු නැති කෙනෙකු නම් භික්ෂූන් වහන්සේලා කෙරෙහි ගැටීමක් ඇතිවෙලා, සමාව නොගෙන පිටත්වෙලා යාවි. ස්වාමීනි, මං දැකලා තියෙනවා චණ්ඩාල දරුවන්, සැඩොල් කුලයේ දරුවන්, සැඩොල් කුලයේ දැරියන්. මං දැකලා තියෙනවා මේ අය හං මළු අතට අරගෙන, යාන්තම් රෙදිකඩවල් ඇඟේ එල්ලගෙන, නීච සිතින්, යටහත් සිතින්, පහත් සිතින් නැවි නැවී යනවා. ස්වාමීනි, මමත් ජීවත් වෙන්නේ චණ්ඩාල දරුවෙකුගේ වගේ නීච සිතක් ඇතුවයි. ඕනෑම කෙනෙකුට මං යටත් වෙන්න කැමතියි. ඕනෑම කෙනෙකුට මං හිස නමන්න කැමතියි. ඕනෑම කෙනෙකුට මම හිස පහත් කරන්න කැමතියි. මම චණ්ඩාල දරුවෙක් වගේ සිතකින් වාසය කරමින් මහත් වූ අප්‍රමාණ මෙත් සිත, වෛර රහිත වූ මෙත් සිත මා පතුරනවා...”

මමත් අං දෙක කැඩිච්ච ගොනෙක් වගේ...

“ස්වාමීනි, භාග්‍යවතුන් වහන්ස, මට මෙහෙම හිතෙනවා. කායානුපස්සනා භාවනාවේ සිත පිහිටපු නැති කෙනෙක් නම්, ඔය කියන ආකාරයට භික්ෂූන් වහන්සේ නමක් සමඟ ගැටිලා චාරිකාවේ පිටත් වෙලා යන්න පුළුවනි. ස්වාමීනි, මං දැකලා තියෙනවා අං කැඩිච්ච ගොන්නු. මේ අං කැඩිච්ච ගොන්නු හරීම කීකරුයි. මේ අං කැඩිච්ච ගොන්නු හරීම දමනය වෙලා ඉන්නේ. මේ අං කැඩිච්ච ගොන්නු හරීම අහිංසකයි. හන්දි ගානේ

ඉන්නවා. පාරේ ඇවිදගෙන යනවා. කවදාවත් කාටවත් හිංසා කරන්නේ නෑ. පාදයෙන්වත්, අං වලින්වත් මේ අං කැඩිච්ච ගොන්නු හිංසා කරන්නේ නෑ. ස්වාමීනි, මම අං දෙක කැඩිච්ච ගොනෙක් වගේ... බලන්න මේක කියන්නේ කවුද? ධර්ම සේනාධිපති වූ සාරිපුත්ත මහරහතන් වහන්සේ. බලන්න උන්වහන්සේට තිබුණේ මොනතරම් නිහතමානී කමක්ද? විශ්මිත නිහතමානීකමක්. ස්වාමීනි, මම ජීවත් වෙන්නේ අං දෙක කැඩිච්ච ගොනෙක් වගේ. මම මහග්ගත වූ, ප්‍රමාණ රහිත වූ, අප්‍රමාණ මෙත් සිත වෛරයෙන් තොර, තරහෙන් තොර මෙත් සිත මා පතුරවමින් වාසය කරන්නේ..."

මේ කුණු ශරීරය බෙල්ලේ ඔතපු මළකුණක් වගේ...

"ස්වාමීනි, භාග්‍යවතුන් වහන්ස, තමන්ගේ ශරීරය ගැන කායානුපස්සනා භාවනාව පිහිටපු නැති කෙනෙක් නම්, ඔය කියන ආකාරයට ගැටිලා සමාව නොගෙන චාරිකාවේ පිටත් වෙලා යන්න පුළුවනි. ස්වාමීනි, මට මෙහෙම හිතුණා. ලස්සනට ජීවත් වෙන්න කැමති, ලස්සනට සැරසෙන්න කැමති කුමාරයෙක්, එහෙම නැත්නම් කුමාරිකාවක් හොඳට සුවඳ පැන් නාලා ලස්සනට ඉන්න වෙලාවක, කුණුවෙච්ච සර්පකුණක් එයාගේ බෙල්ලේ එතුවොත්, කුණුවෙච්ච බලුකුණක් එයාගේ බෙල්ලේ එතුවොත්, කුණුවෙච්ච මළමිනියක් එයාගේ බෙල්ලේ එතුවොත් එයාට පිළිකුලක් ඇතිවෙනවාමයි. ඒ වගේමයි ස්වාමීනි, මටත් මේ කුණු ශරීරය දැන් අප්පිරියා වෙලා ඉන්නේ." දැන් මේ කවුද කියන්නේ? සාරිපුත්ත මහරහතන් වහන්සේ කියන්නේ. සාරිපුත්ත මහරහතන්

වහන්සේ කියන්නේ ඇහැළ මලේ පාටින් බබලන සිරුරු ඇති කෙනෙක්. උන්වහන්සේ කියනවා, "මට මේ කුණු ශරීරය දැන් අප්පිරියා වෙලා ඉන්නේ. ස්වාමීනි, මේ කුණු ශරීරය පිළිකුලයි. ස්වාමීනි, මේ කුණු ශරීරය ගැන මම ලැජ්ජාවෙන් ඉන්නවා..."

මේ තමයි කයේ ඇත්ත තත්වය...

"ස්වාමීනි, භාග්‍යවතුන් වහන්ස, කෙනෙකුගේ ශරීරය ගැන, ඒ කායානුපස්සනා භාවනාව නොවැඩූ කෙනෙක් නම්, ඔය කියන ආකාරයට ගැටිලා, සමාව නොගෙන පිටත්වෙලා යාවි. ස්වාමීනි, මට මෙන්න මෙහෙම හිතෙනවා. මනුෂ්‍යා පරිහරණය කරන, මේ ශරීරය කියලා කියන්නේ... එක එක තැන්වලින් හිල් වෙච්ච, මේද තෙල් පිරිච්ච හැළියක් වගේ. ඒ හැළියේ යටි පැත්තෙනුත් සිදුරු තියෙනවා, ඕජා ගලනවා. උඩ පැත්තෙනුත් සිදුරු තියෙනවා, ඕජා ගලනවා. ස්වාමීනි, මා මේ ශරීරය දකින්නෙත් හරියට මේද තෙලින් පිරිච්ච කුණු මස් පිරිච්ච හැළියක් වගේ... මට හැම තිස්සෙම පේනවා මේ ශරීරයෙන් ඕජා ගලනවා. මට පේනවා, මේ ශරීරයේ සිදුරු තියෙනවා. මේ ශරීරයේ තියෙනවා ඇස් සිදුරු. ඇස් සිදුරු වලින් ඕජා ගලනවා. මේ ශරීරයේ තියෙනවා කණ් සිදුරු. කණ් සිදුරු වලින් ඕජා ගලනවා. මේ ශරීරයේ තියෙනවා නාස් සිදුරු. නාස් සිදුරුවලින් ඕජා ගලනවා. මේ ශරීරයේ තියෙනවා මුඛ සිදුරු. මුඛ සිදුරෙන් ඕජා ගලනවා. මේ ශරීරයේ තියෙනවා මළ මූත්‍ර පහකරන සිදුරු. මේ සිදුරු වලින් ඕජා ගලනවා. ස්වාමීනි, මං මේ විදිහටයි මේ ශරීරය දිහා දකින්නේ. ඒ නිසා ස්වාමීනි, භාග්‍යවතුන් වහන්ස, යම්කිසි කෙනෙක් තමන්ගේ ශරීරය ගැන කායානුපස්සනා භාවනාව වඩලා

නැත්නම්, අන්න ඒ කෙනා මේ ශරීරය ගැන වඩලා නැති නිසා ගැටීමක් ඇතිවුණොත් සමාව නොගෙන පිටත් වෙලා යාවි..."

අනේ, මම මෝඩයෙක් වුණා...

මෙහෙම කියනකොටම අර චෝදනා කරපු භික්ෂුව බුදුරජාණන් වහන්සේ ළඟ සිරසින් එකපාරට කඩාගෙන වැටුණා. වැටිලා කියනවා, "ස්වාමීනි, භාග්‍යවතුන් වහන්ස, මට සමාවෙන්න... ස්වාමීනි, භාග්‍යවතුන් වහන්ස, මට සමාවෙන්න... මෝඩයෙක් වගේ මම හිතුවා. මෝඩයෙක් වගේ මං කල්පනා කළා. මං මේ ආයුෂ්මත් සාරිපුත්තයන් වහන්සේ ගැන අසත්‍යයක් කිව්වේ... මං මේ බොරුවක් කිව්වේ. මං මුසාවක් කිව්වේ. මං අභූතයෙන් මේ කිව්වේ. ඒ නිසා ස්වාමීනි, භාග්‍යවතුන් වහන්ස, මං ආයෙමත් මේ වගේ එකක් කරන්නේ නෑ..." බලන්න ඒ කාලෙත් ඉඳලා තියෙනවා විකාර සිත් ඇති අය. නමුත් ඒක කළායින් එකක් වුණා. ඒ තමයි සාරිපුත්ත මහරහතන් වහන්සේගේ මේ සිංහනාදය අහන්න පුළුවන් වුණා.

වරද පිළිගැනීම සාසනයෙහි අභිවෘද්ධියක්...

බුදුරජාණන් වහන්සේ වදාළා, "භික්ෂුව, ඔබ හැබෑම මෝඩයෙක් තමයි... ඔබ මෝඩයෙක් විදිහට, බාලයෙක් විදිහට, අකුසල කරන්නා වූ පුද්ගලයෙක් විදිහට තමයි ඔබ මේ කටයුතු කළේ. ඔබ අසත්‍යය වූ කාරණයකින් මුසාවකින්, අභූතයකින් තමයි මේ සාරිපුත්තට ඔය චෝදනාව කළේ. හැබැයි ඔබ මේ වරද දැන් දැක්කා. වැරැද්ද, වැරැද්ද හැටියට ඔබ පිළිගත්තා. ඒක මේ ආර්ය විනයෙහි අභිවෘද්ධියක්..."

හිස පැලෙන්න ඉස්සර...

ඊට පස්සේ බුදුරජාණන් වහන්සේ සාරිපුත්ත මහරහතන් වහන්සේ අමතා කියනවා, "පින්වත් සාරිපුත්ත, මේ හිස් පුද්ගලයාට ඉක්මණට සමාව දෙන්න... මේ පුද්ගලයාගේ හිස හත්කඩකට පැලෙන්න ඉස්සර වෙලා ඉක්මණට සමාව දෙන්න." කිව්වා.

සාරිපුත්ත මහරහතන් වහන්සේ වදාළා, "එසේය ස්වාමීනි, භාග්‍යවතුන් වහන්ස, මේ ආයුෂ්මතුන් සමාව ඉල්ලනවා නම්, මං සමාව දෙන්න කැමතියි. මං සමාව දෙන්නම්..." කියලා.

මේ ඔක්කොටම මුල කායානුපස්සනාව නොවැඩීමයි...

ඉතින් මේකෙන් බලන්න පින්වත්නි, බුදුරජාණන් වහන්සේගේ කාලේදිත් ඒ උතුම් රහතන් වහන්සේලාව පවා, එකට පැවිදිවෙලා හිටිය භික්ෂූන්ටත් හඳුනාගන්න බැරුව ගියා. ඒකයි මේ වගේ චෝදනා ඉදිරිපත් කළේ. හැබැයි මේකෙන් එකක් පැහැදිලි වෙනවා. රණ්ඩු අල්ල අල්ල ඉන්නවා නම්, ගැටි ගැටී ඉන්නවා නම්, වැඩිලා නැත්තේ මොකද්ද? කායානුපස්සනාව. හරීම පැහැදිලියි... මෙතැනයි ප්‍රශ්නය. යම් තැනක රණ්ඩු දබර වැඩි නම්, එක එකාගේ මූණට ඇනගන්නවා නම්, අර්බුද ඇති කරගන්නවා නම්, අසමගිය ඇති කරගන්නවා නම්, එතැන නැත්තේ කායානුපස්සනාවයි. කායානුපස්සනාව තිබුණා නම් මේක සිද්ධවෙන්නේ නෑ. කායානුපස්සනාව තිබුණා නම් එයා දකිනවා, අපි එක එක්කෙනාට තියෙන්නේ සිදුරු තියෙන, මේද තෙල් පිරිච්ච මසින් පිරුණු කළයක් කියලා.

සාරිපුත්ත මහරහතන් වහන්සේ මේ ශරීරය දකින්නේ නාලා කරලා ඉන්න ලස්සන කෙනෙකුගේ බෙල්ලේ, ඔතාපු ගැරඬි කුණක් වගේ කියනවා. බලු කුණක් වගේ, මළකුණක් වගෙයි මේ ශරීරය උන්වහන්සේ දකින්නේ. මේ විදිහට මේ ශරීරය දුටු නිසා තමයි උන්වහන්සේලාගේ සිත පිරිසිදු වුණේ. උන්වහන්සේලාගේ සිත පිරිසිදු වුණේ උන්වහන්සේලා ඒ ශරීරය ගැන යථා ස්වභාවය දුටු නිසා.

සෑම දේශනාවක්ම ජීවිතාවබෝධය පිණිසයි...

ගෞතම බුදුරජාණන් වහන්සේගේ ධර්මය අහන අපට, ඒ ගෞතම බුදුරජාණන් වහන්සේ ශරීරය ගැන කියලා තියෙන දේවල් අහන්න අකැපද? ඒවා අහන්න හොඳ නැද්ද? ඒ සියල්ල අහන්න සුදුසුයි. මොකද හේතුව? බුදුරජාණන් වහන්සේ හැම එකක්ම දේශනා කරලා තියෙන්නේ අවබෝධය ඇතිකර ගැනීමටයි. බුදුරජාණන් වහන්සේ හැම දේශනාවක්ම කියා දී තිබෙන්නේ ජීවිතය ගැන යථාර්ථය අවබෝධ කරගැනීම පිණිසයි. එහෙම නම් ඒ හැම දේශනාවකම තියෙන්නේ බුදුරජාණන් වහන්සේගේ අවබෝධයයි.

රාහුල ස්වාමීන් වහන්සේට ධාතු මනසිකාරයට උපදෙස්...

සාරිපුත්ත මහරහතන් වහන්සේ තුළ තිබුණු මේ අවබෝධය උන්වහන්සේගේ ජීවිතය තුළ හැමතිස්සේම තිබුණා. උන්වහන්සේ එක්තරා අවස්ථාවකදි රාහුල ස්වාමීන් වහන්සේට දේශනා කළා, 'සතරමහා ධාතු වඩන්න...' කියලා. කොහොමද දේශනා කළේ? පඨවි ධාතුව වඩන්න කිව්වා, මහපොළොව වගේ සමකොට. ආපෝ ධාතුව වඩන්න කිව්වා, ජලය හා සමකොට. තේජෝ

ධාතුව වඩන්න කිව්වා, ගින්න හා සමකොට. වායෝ ධාතුව වඩන්න කිව්වා, සුළඟ හා සමකොට. එතකොට පඨවි ධාතුව අපේ ශරීරයේ තියෙනවා. ආපෝ ධාතුව අපේ ශරීරයේ තියෙනවා. තේජෝ ධාතුව අපේ ශරීරයේ තියෙනවා. වායෝ ධාතුව අපේ ශරීරයේ තියෙනවා. එතකොට මේ සතරමහා ධාතු වඩන්න කිව්වා ඔය විදිහට. එහෙම නම් අපට පේනවා සාරිපුත්ත මහරහතන් වහන්සේ මේ ශරීරය ගැන නිතර නිතර සතරමහා ධාතු වශයෙන් වඩලා තියෙන්නේ මේ කියන ආකාරයට.

මේ ශරීරයත් කටු මැටි ගහපු ගෙයක් වගේ...

එක්තරා අවස්ථාවක සාරිපුත්ත මහරහතන් වහන්සේ වදාළා, උන්වහන්සේට මේ ජීවිතය ගැන පේන ආකාරය. උන්වහන්සේ දේශනා කරනවා, තමන්ට ජීවත්වෙන්න මිනිස්සු ගෙවල් හදනවා. ගෙවල් හදන්න ඉස්සෙල්ලා කණු හිටවනවා. කණු හිටවලා හරස් අතට ලී පතුරු බඳිනවා. ලී පතුරු බැඳලා ඊට පස්සේ මොකද කරන්නේ? පොළොවේ මැටි කොටලා, මැටි අනලා, ගුලිකරලා අර ලී පතුරු අස්සේ ඔබනවා. ඊට පස්සේ බිත්තිය හදලා මැටි වලින්ම ඒ බිත්තිය කපරාරු කරනවා. ඊට පස්සේ මහපොළොව තුළ කණු හිටවලා, ලී පතුරු බැඳලා, මැටිගහලා හැදූ දෙයට කියනවා 'ගෙය' කියලා. සාරිපුත්ත මහරහතන් වහන්සේ වදාළා, "මට මේ ශරීරය ගැන පේන්නෙත් ඒ විදිහටයි. ඇට සැකිල්ලක් තියෙනවා, අර මහපොළොවෙ ලී හිටෙව්වා වගේ. නහර වැල් වලින් මේ ඇටසැකිල්ල බැඳිලා තියෙනවා. මැටි ගැහුවා වගේ, ඒ ඇට සැකිල්ලට මස් පුරවලා තියෙනවා. මෙච්චරයි මේ ශරීරයේ මම දකින්නේ. ඒකට කියනවා 'මිනිසා' කියලා..."

බලන්න මේ සාරිපුත්ත මහරහතන් වහන්සේ මේ ජීවිතය ගැන බැලූ ආකාරය. මේ විදිහට ජීවිතය ගැන බලපු නිසා තමයි උන්වහන්සේලා චිත්ත පාරිසුද්ධිය ඇති කරගත්තේ. ජීවිතය ගැන මේ විදිහට බලන්න බැරිවුණා නම්, චිත්ත පාරිසුද්ධිය ඇතිවෙන්නේ නෑ.

මගේ දූ තමයි ලස්සනම...

එක ලස්සන ගෑණු ළමයෙක් හිටියා. ඒ ගෑණු ළමයගේ ලස්සන ගැන දෙමව්පියෝ හරියට කතාබස් කළා. ඒ ගෑණු ළමයා ගැන තාත්තා කිව්වා 'මගේ දූ සිගිත්ත දෙන්නේ, දූ වගේම ලස්සන කෙනෙකුට විතරයි.' ඉතින් මේ දූ ශරීර ලස්සන ගැන හරී ආඩම්බරයි. මෙයාගේ නම මාගන්දියා. දැන් මේ ආඩම්බර වෙන්නේ මොකක් ගැනද? ලස්සන ගැන... නමුත් ඇත්ත මොකද්ද? මේද තෙල් පිරුණු කළයක් වගේ, සිදුරු වලින් ඕජා වැගිරෙන කළයක් වගේ, අසූචි පුරවපු කළයක් වගේ. නමුත් සතර සතිපට්ඨානය ගැන කිසිවක් නොදන්නා, කය කෙරෙහි සිහිය පිහිටුවා ගෙන බලපු නැති, කයේ යථාර්ථය නොදැකපු මේ මාගන්දියා හරී ආඩම්බර වුණා තමන්ගේ කය ගැන. තාත්තා හරී සතුටෙන් හිටියා මෙයා ගැන, 'මගේ දූ තමයි මේ පළාතේ ඉන්න ලස්සනම ගෑණු ළමයා. කොච්චර සල්ලි තිබ්බත් මං දෙන්නේ නෑ, රූපේ ලස්සන නැත්නම්. කොච්චර දැනඋගත් වුණත් මම දෙන්නේ නෑ, රූපේ ලස්සන නැත්නම්...' දැන් ඉතින් මෙයාගේ හිතේ වැඩකරන්නේම තමන්ගේ දූට ගැලපෙන ලස්සන කුමාරයෙක් හොයන්න.

ගැලපෙනම කෙනා...

දවසක් මෙයා පාරේ යනවා. යද්දි දැක්කා ගහක් යට

වාඩිවෙලා ඉන්නවා ශ්‍රමණයන් වහන්සේ නමක්. මාගන්දිය බමුණා නැවතුණා. හොඳට ඇස් ලොකු කරලා බැලුවා, "ආ... මේ ඉන්නේ... මෙන්න ඉන්නවා මං මෙච්චරකල් සොය සොයා හිටපු අපේ පවුලට ගැලපෙන බෑණා..." කවුරු ගැනද මේ හිතන්නේ? බුදුරජාණන් වහන්සේ ගැන. උන්වහන්සේ දැක්කා මෙයා මේ පාරේ එනවා. එයාට ධර්මය අවබෝධ කරන්න පුළුවන් බව දැක්කා. මෙයා බුදුරජාණන් වහන්සේ ළඟට ආවා. බලාගෙන ඉන්නවා ඇස්පිය නොහෙලා. බලාගෙන ඉඳලා කල්පනා කළා, 'මේ කෙනා තමයි සුදුසු කෙනා...' ආපහු හැරුණා. වේගයෙන් ගෙදර ගියා. ගිහින් කිව්වා, "හාමිනේ, හරි... ඔන්න වාසනාව පෑදුණා. හිත හිතා හිටපු කෙනා, හිතුවාටත් වඩා හොඳ කෙනෙක් ලැබුණා... ඉක්මණින්ම මේ දූ සරසලා ලෑස්තිකරන්න..." කිව්වා.

අතාරින්න ඔය කසාවත...

ඉතින් මුහුණ ලස්සනට සරසලා, සිනිඳු සළුවකින් මේ ළමයා මූණ වහගෙන අම්මා, තාත්තා එක්කගෙන යනවා. ඈතදිම දැක්කා බුදුරජාණන් වහන්සේගේ මහා පුරුෂ ලක්ෂණ වලින් බබලන, රන්වන් රූප සෝභා ඇති ශරීරය. මාගන්දියාත් දූන් අහක බලාගෙන වගේ හොරෙන් බලනවා. ඇයි දැන් හිතේ තියෙන්නේ මොකක්ද? මේ විවාහ මංගල්‍යයක් කතා කරන්නනේ මේ යන්නේ. ඉතින් මාගන්දිය බ්‍රාහ්මණයා ගිහිල්ලා කියනවා, "පින්වත් ශ්‍රමණයන් වහන්ස, අත්හරින්න ඔය කසාවත... මේ බලන්න මේ මගේ දූ. අපට තියෙන සියලුම දේපල වස්තුව මෙයාටයි. ඔබ තමයි මේ අපේ පවුලට ගැලපෙන සුදුස්සා. ඒ නිසා ඔය කසාවත අත්හරින්න. දැන් යං..."

අසාමාන්‍ය පියවර සටහන...

මේ සිද්ධිය කියන්න ඉස්සරවෙලා තව පොඩි දෙයක් වුණා. මේ තුන්දෙනා බුදුරජාණන් වහන්සේ කලින් වැඩ හිටපු තැනට ආවා. නමුත් එතැන බුදුරජාණන් වහන්සේ නෑ. එතකොට ඒ බැමිණිය වටපිට බැලුවාම හොඳ පා සටහනක් තියෙනවා. පාත්වෙලා බැලුවා. බලලා බමුණාට කියනවා, "බ්‍රාහ්මණය, මෙහෙ එන්න. මේ බලන්න මේ පා සටහන දිහා. මේ කෙනා ගිහි ජීවිතයකට නම් බැඳෙන කෙනෙක් නෙමෙයි..." කියලා කිව්වා.

එතකොට බමුණා කිව්වා, "නෑ... නෑ... ඕවා කතා කරන්න එපා. අපි කොහොමහරි මෙයාව සොයාගන්න ඕනෙ..." වටපිට බලද්දි ඊළඟ ගස් සෙවණේ උන්වහන්සේ වැඩඉන්නවා. ඊට පස්සේ ගිහිල්ලා තමයි අර කතාව කිව්වේ. "අනේ! තරුණ ශ්‍රමණයන් වහන්ස, අත්හරින්න ඔය කසාවත... මේ බලන්න මගේ දූගේ ලස්සන... මේ බලන්න ලස්සන කේස කලාපය... මේ බලන්න මෙයාගේ ලස්සන..."

මාර දූවරුන්ටත් නොහැකි වූ දෙය...

බුදුරජාණන් වහන්සේ ඒ මාගන්දිය බ්‍රාහ්මණයාටයි, බැමිණියටයි කියනවා, "පින්වත, මං මේ ශරීරය දිහා හොඳට බලපු කෙනෙක්. මට මේ ශරීරයේ ඇත්ත තත්වය පෙණුනු කෙනෙක්. තණ්හා, රතී, රගා කියන මාර දූ වරු පවා මා ඉස්සරහට ආවා. නමුත් ඒ එකම ජීවිතයකවත් මගේ සිත පිහිටන්නේ නෑ. මං මේ ශරීරය දකින්නේ ඇස් වලින් ඕජා වැගිරෙන, කණ්වලින් ඕජා වැගිරෙන, නාසයෙන් ඕජා වැගිරෙන, මුඛයෙන් ඕජා වැගිරෙන, මළ

මූත්‍ර මාර්ග වලින් ඕජා වැගිරෙන, සැරව පිරිච්ච, අසූචි පිරිච්ච භාජනයක් වගෙයි. මේ ඔක්කෝම සැරසිලි ටික තියෙන්නේ පිටට විතරයි. මේ වගේ කුණු ශරීරයක් මම පයින්වත් ස්පර්ශ කරන්නේ නෑ..."

අනේ අපොයි! මට බැන්නා...

ඒ සෑම වචනයක්ම ඇහෙන කොට මාගන්දියාගේ ඇස් රතු වුණා. දත්කූරු කෑවා. රැවුවා. තාත්තා අල්ලගෙන හිටියේ... අත ගසාදැවා. හැරුණා. ගස්සගෙන ගියා. කෙලින්ම දිව්වා... අඬාගෙන ගෙදර දිව්වා, 'අනේ... අපොයි මට බැන්නා...' බැන්නද ඒ? ඒක තමයි ශරීරයේ තිබිච්ච ඇත්ත.

දැන් බලන්න සිහිනුවණ නැති කයට මුළාවෙච්ච පුද්ගලයා යථාර්ථයට පිටුපෑ ආකාරය. අම්මා තාත්තා කලබල වුණේ නෑ ඒකට. අම්මා තාත්තා දෙන්නා කල්පනා කළා, 'ඈ... අපූරු කතාවක්නේ මේ කියන්නේ...' වාඩිවුණා එහෙම්මම. අම්ම තාත්තා ගියේ නෑ, වාඩිවුණා. නමුත් අම්මා තාත්තාගේ හිතේ තියෙන්නේ මොකද්ද? මේ දූගේ විවාහය ගැන.

ඊට පස්සේ අහනවා, "එහෙමනම් ඔබවහන්සේ ඔය බ්‍රහ්මචාරී සීලය ආරක්ෂා කරගෙන ඉන්නේ දිව්‍ය ලෝකයේ ඉන්න දිව්‍යාංගනාවන් එක්ක විවාහ වෙන්න ඇතිනේ. ඇයි දැන් හිතේ තියෙන්නේ විවාහය ගැනනේ. මිනිස් ලෝකේ අයගේ ශරීර අපිරිසිදුයි කියලා, දිව්‍ය ලෝකේ ඉන්න දිව්‍යාංගනාවන් ගැන වෙන්න ඇති ඔය පැහැදිලා ඉන්නේ..."

දෙමව්පියන්ට නුවණින් විමසීම පිහිටලා තිබුණා...

බුදුරජාණන් වහන්සේ එතකොට විස්තර කරලා දුන්නා 'දුක' නම් වූ ආර්ය සත්‍යය. බුදුරජාණන් වහන්සේ විස්තර කරලා දුන්නා රූපයේ ස්වභාවය, වේදනාවේ ස්වභාවය ගැන. උන්වහන්සේ පෙන්වා දුන්නා, සතර මහා ධාතූන්ගෙන් හටගන්න රූපයේ ස්වභාවය, පෙණ ගුලියක් වගේ. උන්වහන්සේ පෙන්වලා දුන්නා, ස්පර්ශයෙන් හටගන්නා විඳීමේ ස්වභාවය, දිය බුබුලක් වගේ. උන්වහන්සේ පෙන්වා දුන්නා, ස්පර්ශයෙන් හටගන්නා වූ සඤ්ඤාවේ ස්වභාවය මිරිඟුවක් වගේ. උන්වහන්සේ පෙන්වා දුන්නා සංස්කාරවල ස්වභාවය, කෙසෙල් පතුරු වගෙයි. මේ විඤ්ඤාණයේ ස්වභාවය, මායාවක් වගේ. බුදුරජාණන් වහන්සේ කියාදෙන හැම බණ පදයක්ම අර දෙන්නට හොඳට තේරුණා. අන්න ඒ දෙන්නා තුළ එහෙනම් මොකක්ද තිබුණේ? යෝනිසෝමනසිකාරය. ඒ දෙන්නා තුළ තිබුණා 'නුවණින් විමසීම'.

මාන්නය තියෙනකම් යෝනිසෝ මනසිකාරයට එන්න බෑ...

මාගන්දියාගේ යෝනිසෝ මනසිකාරය වැහුණේ මොකෙන්ද? රූපය ගැන ඇති කරගෙන හිටිය මාන්නය නිසා. ඒ මාන්නය හරී බලවත්ව තිබ්බ්ච නිසා එයාට ඒ යථාර්ථයට එන්න බැරිවුණා. ඊළඟ එක තමයි වාසනාව තිබිලත් නෑ. රූපෙ ලස්සන වෙච්ච පමණින් වාසනාව තිබ්බා කියලා කියන්න බෑ. එයාට ඒ වාසනාව තිබුණේ නෑ.

දෙමව්පියන් එතෙර වුණා... දුව නතර වුණා...

බුදුරජාණන් වහන්සේගේ කාලේ ශරීරය ගැන මේ කියන ඇත්ත කියනකොට ඔය රූපය අහුවෙලා හිටපු අය අතරේ පැතිරිලා ගියේ මොකක්ද? 'ශරීරයට ගරහනවා...' කියලයි පැතිරිලා ගියේ. එහෙම නැතිව 'ඇත්ත කියනවා...' කියලා නෙමෙයි. ඊට පස්සේ මාගන්දිය බ්‍රාහ්මණයයි, ඒ බැමිණියයි මාර්ගඵල ලැබුවා. ඒ දෙන්නා අනාගාමී වුණා. බලන්න එතකොට අම්මා තාත්තා දෙන්නා ඒ ධර්මයට පැමිණුනේ මොකෙන්ද? කායානුපස්සනාවෙන් නේද? කායානුපස්සනාවෙන් පැමිණුනේ.

මේ විදිහටයි කය ගැන දැකිය යුත්තේ...

බුදුරජාණන් වහන්සේ කායානුපස්සනාව විස්තර කරන තැන මේ අසුභ භාවනාව ගැන කියද්දී උපමාවක් විස්තර කරනවා. උන්වහන්සේ පෙන්වා දෙනවා, දෙපැත්තෙන් කට බැඳපු මල්ලක් තියෙනවා. මේ මල්ල ඇතුළේ තියෙනවා ධාන්‍ය වර්ග. ඇස් ඇති පුරුෂයෙක් ඇවිදින් මේ මල්ල ලිහනවා. ලිහලා මේ ධාන්‍ය වර්ග වෙන් කරනවා, 'මේවා හාල්... මේවා මෑ... මේවා වී... මේවා මුං... මේවා තල...' කියලා ධාන්‍ය වර්ග වෙන් කරනවා.

දෙපැත්තේ කට ඇති අසූචි මල්ල...

බුදුරජාණන් වහන්සේ වදාළා, "මේ ශරීරයත් හරියට දෙපැත්තේ කට තියෙන මල්ලක් වගෙයි. මේ පැත්තේ කටින් දානවා. පසුපස කටින් පිටවෙනවා. හරියට මල්ලක් වගෙයි. නුවණැති පුරුෂයා මේ මල්ල ලිහනවා.

මේ මල්ල ලිහලා, මේ මල්ලේ තියෙන ධාන්‍ය ටික එළියට ගන්නවා. එළියට අරන් නුවණින් බලනවා, 'මෙන්න මේවා කෙස්... මේවා ලොම්... මේවා නියපොතු... මේවා දත්... මේවා සම... මේවා මස්... මේවා නහර... මේවා ඇට... මේවා ඇටමිදුළු... මේවා වකුගඩු... මේවා හදවත... මේ අක්මාව... මේ දලබුව... මේ බඩදිව... මේ පෙනහළු... මේ කුඩාබඩවැල... මේ මහබඩවැල... මේ අසූචි... මේ පිත... මේ සෙම... මේ සැරව... මේ ලේ... මේ දහඩිය... මේ කෙළ... මේ තෙල්මන්ද, මේ සොටු... මේ සඳමිදුළු... මේ මුත්‍රා...' කියලා වෙන් කර කර මල්ල ලිහ ලිහා බලනවා. එතකොට තමයි එයාට තේරෙන්නේ මේක දෙපැත්තේ කට තියෙන මල්ලක් වගෙයි." බලන්න ඒ උපමාව මහා සතිපට්ඨාන සූත්‍රයේ තියෙනවා.

හරකා නෙමෙයි මසුයි විකුණන්නේ...

ඊළඟට බුදුරජාණන් වහන්සේ දේශනා කරනවා, 'එහෙම නැත්නම් බලන්න පුළුවන් මස් විකුණන කොල්ල වගේ...' මස් විකුණන කොල්ලා ගවදෙන මරලා හිට හන්දියේ තියාගෙන මස් කෑලි කප කපා විකුණනවා. නමුත් ඒ මස් විකුණන කොල්ලට අදහසක් නෑ, 'හරකෙක් විකුණනවා' කියලා. ඒ වගේ මෙයා තමන් දිහා බලනවා ධාතු වශයෙන් වෙන් කර කර. කෙස් වෙන්කරනවා මෙන්න පඨවි ධාතු... ලොම් වෙන් කරනවා මෙන්න පඨවි ධාතු... නියපොතු වෙන් කරනවා මේවත් පඨවි ධාතු... දත් වෙන් කරනවා මේවත් පඨවි ධාතු... සම වෙන්කරනවා මේකත් පඨවි ධාතු... මස් වෙන් කරනවා මේකත් පඨවි ධාතු... ඒවගේ පඨවි ධාතු, ආපෝ ධාතු, තේජෝ ධාතු, වායෝ ධාතු වෙන් කරනවා...

මේ සියල්ල නුවණින් විමසන කෙනාටයි...

බුදුරජාණන් වහන්සේ තමයි මේ ක්‍රම සියල්ල සොයාගෙන තියෙන්නේ. සාමාන්‍ය මනුෂ්‍යයා එහෙම යථාර්ථයට කැමති නෑ. යථාර්ථයට කැමති වන්නේ නුවණින් විමසන මනුෂ්‍යයා විතරයි. බුදුරජාණන් වහන්සේ නුවණින් විමසීම ගැන මිනිසුන්ට උගන්වනවා. ගිහි පැවිදි කතාවක් නෑ. දැන් බලන්න අර මාගන්දියා ඉස්සරහා මේ ඇත්ත කිව්වනේ. මාගන්දියා නොමග ගියේ මාගන්දියාගේ නුවණ නැති නිසා. වාසනාව තිබුණා නම් උන්වහන්සේ ප්‍රාතිහාර්යයක් හරි පාලා ගන්නවා.

මාගන්දියාට අහිමි වූ වාසනාව ඛේමාට...

දැන් අපි දන්නවා එහෙම එකක් වුණානේ 'ඛේමා' බිසවට. ඛේමා බිසවත් බොහෝම හැඩරුව ඇති කෙනෙක් නේ. ඛේමා කියන්නේ බිම්බිසාර රජ්ජුරුවන්ගේ අගබිසව. බිම්බිසාර රජ්ජුරුවෝ සෝතාපන්න වෙච්ච එක්කෙනෙක්. බිම්බිසාර රජ්ජුරුවන්ට හරී ඕනකම තියෙනවා ඛේමා බිසව ධර්මයට ගන්න. නමුත් ධර්මයට එන්නෙම නෑ. ධර්මයට ගන්න බැලුවට ධර්මයට එන්නෙම නෑ. බලන්න වාසනාව තියෙන එක්කෙනා මේ. නමුත් ධර්මයට එන්නෙ නෑ.

කදිම උපායක්...

බිම්බිසාර රජ්ජුරුවෝ දවසක් ඛේමාගෙන් අහනවා, "මේ වේළුවනාරාමයට යන්නේ නැද්ද?" ඔළුවේ කැක්කුම එදාට. එක්කෝ බඩේ අමාරුව. මොකක්හරි කියලා මග අරිනවා. බිම්බිසාර රජ්ජුරුවෝ දවසක් කල්පනා කළා මේකට හොඳම දෙය තමයි, වේළුවනාරාමයේ මල් උයනේ සුන්දරත්වය ගැන කවි හදලා, මෙයාට ඇහෙන්න

සලස්සන එක. ඊට පස්සේ මොකද කළේ? ඒ රාජසභාවේ ඉන්න කවි කියන අය, බටනළා පිඹින අය කට්ටිය රැස් කරලා මෙයා රාජමාලිගාවේ මල්වත්තේ ඇවිදිනකොට පැත්තකින් වේළුවනාරාමයේ සුන්දරත්වය ගැන කියැවෙන සිංදු අහන්න සැලැස්සුවා. වේළුවනාරාමයේ සුන්දරත්වය ගැන ලස්සනට කවි වලින් කියනවා දැන් මෙයාට ඇහෙනවා. කියනකොට ඒ ලස්සනට ඛේමා බිසවගේ හිත ගියා.

බුදුරජාණන් වහන්සේ බැහැදක මිස යන්න බෑ...

ඊට පස්සේ දවසක ඛේමා බිසව කිව්වා, "මට හරි ආසයි වේළුවනාරාමය බලන්න යන්න..." දැන් ආස බුදුරජාණන් වහන්සේ බැහැදකින්න නෙවේ. ධර්මය අහන්නත් නෙමෙයි. මොකටද එයා ආසා? වේළුවනාරාමය බලන්න යන්න. 'බොහෝම හොඳයි... එහෙනම් බලන්න යන්න...' කියලා පිටත් කළා. රජ්ජුරුවෝ සේවකයන්ට පණිවිඩයක් යැව්වා, 'හැබැයි මෙයා ගිය ගමන් වටපිට බලලා ආයේ එයි... එන්න ඉස්සරවෙලා හිමීට එයාව ඇතුළට ගන්න. වේළුවනාරාමයේ එළියේ ඉඳියි කැරකි කැරකී. හිමීට හිමීට රවට්ට ගෙන මල් වත්ත ඇතුළට ගන්න...' කිව්වා. එළියට එන්න හදනකොට කියන්න කිව්වා, 'රාජ නියෝගයක් තියෙනවා. ඒ තමයි මල් වත්තට ඇතුළුවන ඕනෑම කෙනෙක් බුදුරජාණන් වහන්සේව බැහැදැකලා මිසක් යන්න තහනම්...'

වාසනාව මතුවුණේ පින නිසා...

බලන්න... කැරකිලා ධර්මයට එන්න වාසනාව ලැබෙන හැටි... බලෙන් හරි මේකට ඇදලා දානවා. දැන්

මෙයා ලෑස්ති වුණා. වටින් පිටින් බැලුවා. ලස්සන තමයි. හැබැයි වැඩිය දුර ගියොත් බෑ. රූපයට බනින කෙනා ඉන්නවා. රූපයට ගරහන කෙනා ඉන්නවා. ලස්සනට කැමති නැති කෙනා ඉන්නවා. පැතිරිලා තියෙන්නේ එහෙමනේ. දැන් ඇත්ත කිව්වම පැතිරෙන්නේ 'ලස්සනට කැමති නෑ බනිනවා...' කියලනේ.

දැන් ඔන්න පැනලා යන්න බැරි වුණා. බුදුරජාණන් වහන්සේ ළඟට යන්නම වුණා. අකමැත්තෙන් එක්ක ගෙන ගියා. දැන් මෙයා හරී අමාරුවෙන් යන්නේ. මරන්න එක්කගෙන යනවා වගේ හරී අමාරුවෙන් එක්කගෙන යනවා. 'දැන් මගේ මේ ශරීරයට බනීවි... මේ ශරීරය කැතය කියා කියාවි...' කියලා සිතාගෙන ගියා.

මටත් වැඩිය ලස්සන කෙනෙක්...

ගිහිල්ලා බැලින්නම් හාත්පසින්ම වෙනස් දෙයක් දකින්නේ. බුදුරජාණන් වහන්සේ වාඩිවෙලා ඉන්නවා. ලස්සන අප්සරාවියක් පවන් සලනවා. ඛේමා හිතපු දෙයක්ද මේ වුණේ? හීනෙකින්වත් නෑ. ඛේමා බැලුවා, "අපේ අප්පෝ... මේ මොකක්ද? මම හිතාපු එකද මේ...?" ඇයි හිතුවේ මොකක්ද? හිතුවේ මේ රූපයට ගරහයි කියලනේ. 'රූපයට ගරහ ගරහා යන බුදුරජාණන් වහන්සේ ළඟනේ ලස්සනම කෙනා පවන් සලන්නේ...' මෙයාගේ ඇස්දෙක නිකම්ම අර රූපයට ඇදිලා ගියා. මෙයා හිමීන් ගිහිල්ලා වාඩිවුණා. වාඩිවෙලා ඇස්පිල්ලන් නොහෙලා බලාගෙන ඉන්නවා අර රූපය දිහා. මෙයා හිතනවා, 'නෑ... මම මෙච්චර ලස්සන නැතිව ඇති...' මගේ වගේ නෙමෙයි වෙන්න ඇති මෙයාගෙ කොණ්ඩේ... ඒවගේ නෙමෙයි වෙන්න ඇති මගේ කොණ්ඩේ...' දැන් මෙහෙම මෙයා

ගලප ගලපා බලනවා. 'මං වගේද...? නෙමේ. මට වඩා කෙට්ටු ඇති මෙයා...' දැන් මෙහෙම හිත හිතා අරයා දිහා බලගෙන ඉන්නවා.

තමාගේ ඇත්ත, තමාගේ ඇස් දෙකෙන්ම...

දැන් මෙයා සම්පූර්ණයෙන්ම අරයගේ රූපය ගැන තමයි බලාගෙන ඉන්නේ. මෙහෙම බල බලා ඉන්නකොට මෙයාට පේනවා, අර කොණ්ඩේ ටික ටික ඉදෙනවා. රන්වන් පාට හම ටික ටික මැකිලා යනවා. දිළිසෙන සම ටික ටික රැලි වැටෙනවා. මූණ ටික ටික රැලි වැටෙනවා. කොණ්ඩේ ටික ටික අඩුවෙනවා. දැන් මෙයා බලාගෙන ඉන්නවා. මෙයාට හරි පුදුමයි මේ වෙනස ගැන. ඔන්න දතුත් ටික ටික නැතිවුණා. දත් එකක්වත් නැතිව ගියා. බෙල්ල ඉස්සරහට නෙරලා ආවා. පිට කුදු වුණා. අතේ පයේ ඇට මතු වුණා. වක ගැහුණා. අර රූපය සම්පූර්ණයෙන්ම ජරාවට පත්වුණා. ටික ටික ඒකත් දිරලා දිරලා ගියා. ගිහිල්ලා සම්පූර්ණයෙන් මස් ටික වේලිලා ගියා. මස් නැති ඇටයි, හමයි, නහරයි මතුවෙච්ච ශරීරයක් දැන් තියෙනවා. ඊට පස්සේ ඒ හම ඔක්කෝම ඒ ඇටවලට ඇලුණා. අන්තිමට ඒ ඇටසැකිල්ල වැටුණා.

සැණෙකින් කායානුපස්සනාවේ පිහිටියා...

අන්න නොසිතපු විදිහට තමන්ගේ යෝනිසෝ මනසිකාරය උපන්නා. බුදුරජාණන් වහන්සේට වැඳලා කියනවා, "ස්වාමීනි, භාග්‍යවතුන් වහන්ස, මට මාළිගාවට යන්න බෑ. මට ඕනෙ මේ ජරා මරණ වලින් නිදහස්වෙන මාර්ගය..."

බලන්න... 'අවබෝධය' කියන එක තමයි පුද්ගලයා තුළ තියෙන්න ඕනෙ. ඒ අවබෝධය නිකම්ම එන්නේ

නෑ. දැන් බලන්න බුදුරජාණන් වහන්සේ ඛේමාව තුළ කායානුපස්සනාව වැඩෙව්වේ ඉර්ධිබලයකින්. ඛේමා අර රූපය දිහා බලාගෙන ගලප ගලපනේ හිටියේ. 'මගේ කොණ්ඩෙද දිග? අරයගේ කොණ්ඩෙද? මමද ලස්සන? එයාද ලස්සනද' කියලා ගලප ගලපා හිටියේ. අන්තිමට ලස්සනට ගැලපිලා ගියා. මේ ශරීරය ගැලපෙන්නේ කාගෙවත් කොණ්ඩයක් එක්ක නෙමෙයි, කාගෙවත් හමක් එක්ක නෙමෙයි, කාගෙවත් මසක් එක්ක නෙමෙයි. ජරා මරණත් එක්කයි. හොඳ ලස්සනට ජරා, මරණ වලට ගැලපිලා ගියා. ඒ ගැලපිලා යනකොට හොඳට කායානුස්සනාව පිහිටියා. ඒක තමයි ජීවිතය ගැන තියෙන සැබෑම අවබෝධය.

රූපය අවබෝධ කළ රූමතිය...

එතකොට මේ අවබෝධය ඇතිවෙන්න වාසනාව ඛේමාට තිබුණා. ඛේමා තමයි ප්‍රඥාවන්ත භික්ෂුණීන් අතුරින් අග්‍ර වුණේ. බුදුරජාණන් වහන්සේගේ අග්‍ර ශ්‍රාවිකාව, 'ඛේමා'. එතකොට බලන්න අග්‍ර ශ්‍රාවිකාවක් වෙන්න පින තිබිච්ච කෙනා, මේ රූපයට වසඟ වෙලා බුදුරජාණන් වහන්සේ දැකීමට අකමැත්තෙන් මූණ නොදී හැංගි හැංගි හිටියේ නැද්ද? මේ තුළින් අපි පේන්නේ තමන් තුළ ධර්මය අවබෝධ කරන්නා වූ හැකියාව අප තුළ පිහිටා තිබෙන විදිහ අපට හොයන්න බෑ. ඒක ලෝකයේ හොයන්න පුළුවන් එක්කෙනාටයි. බුදුරජාණන් වහන්සේට විතරයි හොයන්න පුළුවන්.

අපිටත් වාසනාව තියෙන්න පුළුවන්...

ඇත්තෙන්ම මේ කාලේ බුදුරජාණන් වහන්සේ වැඩහිටියා නම්, අපි අතර බොහෝ දෙනෙක් මෙලහට

මාර්ගඵල ලබලා. ඒ කියන්නේ අප තුළ වාසනාව තියෙනවා. අපි මේ වාසනාව නැති, මහා මුස්පේන්තු, අවාසනාවන්ත මහා අමුතු ජාතියක් නෙමෙයි. ඇයි මිනිස් ලෝකෙ කියලා කියන්නේ පිනෙන් සකස් වෙච්ච ජීවිත. මේ මනුෂ්‍ය ලෝකය පිනෙන් සකස් වෙච්ච එකක්. දිව්‍ය ලෝක පිනෙන් සකස් වෙලා තියෙන්නේ. දෙවියන් අතරත් ධර්මය අවබෝධ කරන්න පුළුවන් අය හරීයට ඉන්නවා. මිනිසුන් අතරත් ඉන්නවා ධර්මය අවබෝධ කරන්න පුළුවන් අය හරීයට. නමුත් ඒ ධර්මය අවබෝධ වන ආකාරයෙන් කතා බස් කරන්න පුළුවන් අය ලෝකේ නෑ. අන්න ඒ නිසා ඒ තමන්ගේ කුසලතා මතුවෙන්නේ නෑ. දැන් බලන්න ඛේමාගේ වාසනාව මතුවුණා. මාන්නය අයින් කරලා... හිස් දේ අයින් කරලා පොඩ්ඩක් කල්පනා කළා නම් නේ... 'අනේ මගේ මේ කයට අවනම්බු කළා...' කියලා හිතන්නේ නැතිව, 'මේ කියන කාරණය ඇත්තක්නේ...' කියලා හිතුවා නම් කොච්චර යහපතක්ද නේද?

රූපයට මුළා වෙලා... මාන්නයට වසඟ වෙලා...

දැන් බලන්න... ඒ තරහ ආවට පස්සේ එයා මොනතරම් හානි කරගත්තද? එයා ඊට පස්සේ සාමාවතිය ප්‍රධාන පන්සීයක් අන්තඃපුරයේ ස්ත්‍රීන්ව ඒ ගොල්ලන් හිටපු මාළිගාව ඇතුළට දාලා, වහලා ගිනි තිබ්බා. මොන වරදක් කරලද ඒ ගොල්ලෝ? ඒ අය කිසි වරදක් කළේ නෑ. ඒ අය බුදුරජාණන් වහන්සේගේ බුදුගුණ කිව්වා. ඒකටයි තරහ වුණේ. බුදුරජාණන් වහන්සේට මිනිස්සු ලවා අල්ලස් දීලා බැන්නෙව්වා. ඒකට හේතුව තමයි,

ශරීරය ගැන අර විදිහට කිව්වට පස්සේ එයාට ලොකු වෛරයක් ඇතිවුණා නේ. ඒ වෛරය පිරිමහන්න පුළුවන් තැනකට ගියා. එයාට හොඳට බලය පාවිච්චි කරන්න පුළුවන් තැනකට ගියා. චණ්ඩපජ්ජෝව උදේනි රජ්ජුරුවෝ ගාවට ගියා. ගිහිල්ලා ඒ රජ්ජුරුවන්ගේ අග බිසව වුණා. බිසව වෙලා එයා රජ්ජුරුවන්ගේ බලය සම්පූර්ණයෙන්ම පාවිච්චි කළා අයුතු විදිහට. අහිංසක අයව තලාපෙලා වැඩ කළා. ඤාතීන් ඔක්කොම එයාගේ පැත්තට හරවා ගත්තා. ඊට පස්සේ එයා සම්පූර්ණයෙන්ම එයාගේ ඤාතීන් එක්ක එකතුවෙලා, 'මෙහෙම කරමු... මෙහෙම කරමු... මෙහෙම කරමු...' කිය කියා සම්පූර්ණ සැලසුම් කර කර බුදුරජාණන් වහන්සේව විනාශ කරන්න කල්පනා කළා.

පැහැදිය යුතු තැන අපැහැදුණා...

මිනිස්සු ලවා බුදුරජාණන් වහන්සේට හරියට නින්දා අපහාස කෙරෙව්වා. දැන් ඒ රූපයට ආස කරපු මාගන්දියා දැන් කොහේද? දැක්කනේ... එදා ඒ රූපයේ ඇත්ත ස්වභාවය නුවණින් විමසුවා නම්, එයාට මේ ජාති, ජරා, මරණ නැති, සෝක වැළපීම්, දුක් දොම්නස් නැති, සදාකාලික සැප ඇති අමා නිවනට යන මාර්ගය හම්බ වෙනවා. ඒ මාර්ගය අත ළඟට ඇවිල්ලා, බුදුරජාණන් වහන්සේව තමන්ගේ ඇස් දෙකෙන් දැකලා, ඒ බුදු බණ අහලා, අම්මා තාත්තා දෙන්නා එතැනම වාඩිවෙලා ඒ ධර්මය අහද්දි, තමන් ඒකට යන්තම්වත් ඇහුන්කම් නොදී හිත යොදන්නේ නැතිව අර තමන්ගේ රූපෙට මුළාවෙලා, මාන්නයට වසඟ වෙලා සම්පූර්ණයෙන්ම විපතට පත්වුණා.

මේ ධර්මය ආවට ගියාට කියපු එකක් නෙමෙයි...

මේ විපතින් තොර වෙන්න නම් අපට බුදුරජාණන් වහන්සේ ගැන හිත පහදවා ගන්න හොඳ කරුණක් තියෙනවා. ඒ කාරණය තමයි බුදුරජාණන් වහන්සේ දේශනා කළා, (**සනිදානං භික්ඛවේ ධම්මං දේසේමි, නෝ අනිදානං. අභිඤ්ඤායාහං භික්ඛවේ ධම්මං දේසේමි, නෝ අනභිඤ්ඤාය**) "මහණෙනි, මම මේ ධර්මය දේශනා කරන්නේ විශිෂ්ට ඥාණය උපදවාගෙනයි. විශිෂ්ට ඥාණය උපදවාගෙන, විශිෂ්ට වූ ඥාණයකින් තමයි මං මේවා ප්‍රකාශ කරන්නේ. මං මේවා ප්‍රකාශ කරන්නේ කරුණු සහිතවයි. (**සනිදානං**) කරුණු සහිතවයි මං මේවා ප්‍රකාශ කරන්නේ. (**නෝ අනිදානං**) කියන්නම් වාලේ නෙවෙයි. (**සප්පාටිහාරියාහං භික්ඛවේ ධම්මං දේසේමි, නෝ අප්පටිහාරියං**) මහණෙනි, මම මේ ධර්මය දේශනා කරන්නේ ප්‍රාතිහාර්ය සහිතවයි. ප්‍රාතිහාර්ය රහිතව නොවේ..."

අසිරිමත් සම්මා සම්බුද්ධත්වය...

බුදුරජාණන් වහන්සේ මේ ශරීරය ගැන කියන කරුණු, මේ ජීවිතය ගැන කියන කරුණු, මේ සිත ගැන කියන දේවල්, කර්මය ගැන ප්‍රකාශ කරන දේවල්, සසර ගමන ගැන මේ කියන දේවල් උන්වහන්සේ කියන්නේ කොහොමද? විශිෂ්ට වූ ඥාණයකිනුයි උන්වහන්සේ කතා කරන්නේ. කරුණු සහිතවයි කතා කරන්නේ. ප්‍රාතිහාර්ය සහිතවයි කතා කරන්නේ. නිකම් කියන්නන් වාලේ කතා කර කර කියපු කෙනෙක් නෙමෙයි. උන්වහන්සේ සම්මා සම්බුද්ධයි. සම්මා සම්බුද්ධ වූ බුදුරජාණන් වහන්සේ

සම්බුදු නුවණින් බලලා තමයි එවැනි ධර්මයක් දේශනා කරන්නේ.

ගැටෙන්න එපා... පහදින්න...

අන්න ඒ ධර්මය අහනකොට, ඒ අසන්නා වූ ධර්මයට අපේ කැමැත්තක් ඇතිවෙන්න වාසනාවක් නැත්නම්, ඒ ධර්මය කෙරෙහි ගැටුණොත් ගැටිච්ච වෙලාවේ ඉඳලා එයාට ඒ ධර්මය පිහිටන්නේ නෑ. අන්න ඒකයි ධර්මයට ගැටිච්ච අයට තියෙන අවාසනාව. ඒ ධර්මය නුවණින් මෙනෙහි කරන්න ඕනෙ. නුවණින් මෙනෙහි කරනවා කියන එක අපට පිහිටලා තියෙන්න ඕන දෙයක්. එතකොට තමයි නුවණින් මෙනෙහි කිරීම කරන්න පුළුවන්.

ආයුෂත්, උණුසුමත්, විඤ්ඤාණයත් තියෙනකල්...

උන්වහන්සේ කායානුස්සනාව වඩන්න කිව්වා. කය ගැන නුවණින් විමස විමසා බලන්න කිව්වා. මළකුණක් දිහා ජීවිතය ගළපගෙන බැලුවොත්... අපි ඒ මළකුණ දිහා බලද්දි, ඒ මළකුණ කුණුවෙලා, පොළොවට පස්වෙලා යන ආකාරය බලලා, ඒක තමන්ගේ ජීවිතයට ගලපගන්න කිව්වා, 'මේ විදිහම තමයි මේ ශරීරයත්...' කියලා. ඇත්තෙන්ම දැන් මේ අපේ ශරීරය මේ ඔක්කොම කරන්නේ මේ විඤ්ඤාණය නිසානේ. මේ ආයුෂයයි, විඤ්ඤාණයයි, මේ ශරීරයේ තියෙන රස්නේ ගතියයි නැතිවෙච්ච ගමන් මොකද වෙන්නේ? මේක එතැනම වැටිලා කුණුවෙනවනේ. එහෙනම් අපි මේ හැම දෙයක්ම කතා කරන්නේ, හැම දෙයක්ම කියන්නේ කරන්නේ මේ

කරුණු තුන රැඳිලා තියෙනකම් විතරයි. මොනවද ඒ කරුණු තුන? ආයුෂයත්, උණුසුමත්, විඤ්ඤාණයත්. මේ තුන මේ ශරීරයෙන් පිටවෙච්ච ගමන් මේක කුණුවෙලා වැටෙන ශරීරයක්. එතකොට ඒක අපි කිව්වත් නැතත් මේ කයේ තියෙන ඇත්තක්.

මේවා මම ගොතාපු දේවල් නෙමෙයි...

ඔන්න අපි දුක ගැන කතා කරනවා. සමහරු හරී බයයි. මාර්ගඵල ලබන්න කියනවලු. 'අන්න ඤාණානන්ද මාර්ගඵල ලබන්න කියනවා...'. දැන් ගොඩක් අය හිතාගෙන ඉන්නේ මේක පැතිරුණාම මේ කාගේ බණක් කියලද? 'අන්න ඤාණානන්ද මාර්ගඵල ලබන්න කියනවා...' එහෙම නැතිව, 'මේක බුදුරජාණන් වහන්සේගේ ධර්මයක්...' කියලා නෙමෙයි හිතලා තියෙන්නේ. මහා සතිපට්ඨාන සූත්‍රයේදි බුදුරජාණන් වහන්සේ දේශනා කරනවා, මේ සතර සතිපට්ඨාන ධර්මයන් මනාකොට හත් අවුරුද්දක් වැඩුවොත් කෙනෙක් එයා මේ ධර්මය අවබෝධ කරනවා. ඊට පස්සේ හත් අවුරුද්දේ ඉඳලා අඩු කරගෙන අඩු කරගෙන ගිහිල්ලා කියනවා, 'දවස් හතක් හරියට වැඩුවොත් ඒ කෙනා මේ ධර්මය අවබෝධ කරනවා...' කියලා. ඉතින් මං ඒ නිසා ඒ පොතට නම දැම්මා 'ඒ අමා නිවන් සුව බොහෝ දුර නොවේ' කියලා. අන්න.... 'ඒ අමා නිවන් සුව බොහෝ දුර නොවෙලු'. සමහරු හිතාගෙන ඉන්නේ ඒක මම හදලා කියනවා කියලා. මම හදලා කියනවා නෙවෙයි. බුදුරජාණන් වහන්සේ දේශනා කරන්නේ. අපට ශ්‍රද්ධාව තියෙන්න ඕනෙ බුදුරජාණන් වහන්සේ විශිෂ්ට වූ ඤාණයෙන් මේ දේශනාවල් කළා කියලා. උන්වහන්සේ විශිෂ්ට වූ ඤාණයක් උපදවාගෙන තමයි මේ ධර්මය දේශනා කළේ. උන්වහන්සේ මේ

ධර්මය දේශනා කළේ කරුණු සහිතවයි. උන්වහන්සේ මේ ධර්මය දේශනා කළේ ප්‍රාතිහාර්ය සහිතවයි.

මේ සියල්ල නුවණින් විමසීම මතයි...

මේ ධර්මය නුවණින් විමසන එක්කෙනාට, හරියටම මේ කයේ ස්වභාවය ගැන සිත පිහිටියොත්, එයාගේ වාසනාව නෙමෙයිද ඒක...? හරියටම සතර සතිපට්ඨානය තුල සිත පිහිටියොත් එදාට එයාගේ වාසනාව. ඒ මොකද හේතුව? සතර සතිපට්ඨානයේ මනාකොට සිත පිහිටියොත් චතුරාර්ය සත්‍යය අවබෝධයට පාර හැදෙනවා. බොජ්ඣංග ධර්ම වැඩෙන්නේ එතකොටයි.

මුලින්ම සම්මා දිට්ඨිය ඇති කරගන්න ඕනි...

'බොජ්ඣංග' කියලා කියන්නේ චතුරාර්ය සත්‍යය අවබෝධ කරන අංග. ඒ බොජ්ඣංග ධර්ම හතක් තියෙනවා. **සති, ධම්මවිචය, විරිය, පීති, පස්සද්ධි, සමාධි, උපේක්ඛා.** එතකොට 'සති' කිව්වේ සතර සතිපට්ඨානය. ඒ සතර සතිපට්ඨානය තුළ මනාකොට සිහිය පිහිටන්න නම්, එයාට ඒ ධර්මය ශ්‍රවණය කරන්න ලැබෙන්න ඕනෙ කලින්ම. ඒ තුළින් එයාට සම්මා දිට්ඨිය ඇතිවෙන්න ඕනෙ. මොකද සම්මා දිට්ඨිය තිබෙන කෙනා තමයි සම්මා සති වඩන්නේ. සම්මා සති කියන්නේ සතර සතිපට්ඨානය. එතකොට සම්මා සතියට එන්න නම්, සම්මා දිට්ඨිය තියෙන කෙනා නුවණින් විමසන්න ඕනෙ. සම්මා දිට්ඨිය කිව්වේ මොකක්ද? චතුරාර්ය සත්‍යය ගැන තිබෙන අවබෝධ ඤාණය. **(දුක්ඛේ ඤාණං)**, දුක ගැන ඇති අවබෝධ ඤාණය. **(දුක්ඛ සමුදයේ ඤාණං,**

දුක්ඛ නිරෝධේ ඤාණං, දුක්ඛ නිරෝධගාමිනී පටිපදාය ඤාණං)

කතා නොකළාට දුක නැතිව යන්නේ නෑ...

දැන් ඔන්න අපි 'දුක ගැන කතා කරන්නේ නෑ කියමු. 'දුක' ගැන අපි කතා කරන්න ගිහිල්ලා, ලොකු විරෝධයක් ආවා කියමු. 'දුක' ගැන කතා කිරීම තහනම්. තහනම් වචනය 'දුක'. දැන් අපි දුක ගැන කතා කරන්නේ නෑ. එහෙම වුණාට 'දුක' නැතිව යනවද? ජාති, ජරා, මරණ, සෝක වැළපීම්, දුක් දොම්නස්, සුසුම් හෙලීම්, උපායාස, පංච උපාදනස්කන්ධ කියන දුක ගැන... කතා නොකිරීම හේතුවෙන්, ඒක නැතිව යනවද? ඒ දුක හටගන්නා හේතුව ගැන කතා නොකිරීමෙන්, ඒ හේතුව ප්‍රහාණය වෙනවද? ඒක යන්තම්වත් දැනගන්න තියෙන අවස්ථාවත් නැතිව යනවා. එච්චරයි සිද්ධවෙන්නේ.

සැඟවිය නොහැකි පරම සත්‍යය...

දැන් අපි ගත්තොත් මේ සමාජයේ අවුරුදු ගණනාවක් 'දුක' ගැන කතා කළේ නෑ. මේක හංගන්න බලනවා. මේ ලෝකයේ කවදාවත් 'දුක' කියන එක වහන්න බෑ. මේ ලෝකයේ කවදාවත් වහන්න බෑ, දුක්ඛ සමුදය. ඒ මොකද හේතුව? සාමාන්‍ය සත්වයා තුළ තියෙන්නේ මේ දෙක තමයි. එතකොට මේ දුක්ඛ නිරෝධය කියන්නේ සාක්ෂාත් කළ යුතු ධර්මතාවයක්. මොකක්ද ඒ? දුක හට ගන්නා හේතුව නැති වී ගියොත් දුක නැතිවෙලා යනවා. දුක වහන්න බෑ. නමුත් ආර්ය අෂ්ටාංගික මාර්ගය කතා නොකර හිටියොත් කවුරුවත් මේකෙන් නිදහස් වෙන මාර්ගයක් දන්නේ නෑ.

නිවන, පැතීමකින් ලැබෙන දෙයක් නොවෙයි...

දැන් ඔන්න 'දුක' තියෙනවා, නමුත් 'දුක' නැති කරගන්න විදිහක් නෑ. ඊට පස්සේ මොකද එයා කරන්නේ? බාහිර ලෝකෙන් ඉල්ලනවා, 'අනේ, මගේ 'දුක' නැති කරලා දෙන්න...! අනේ, මට ජාති ජරා මරණ ලැබෙන්න එපා...! අනේ, මට කායික දුක් එපා...! අනේ, මට මානසික දුක් එපා...! අනේ, මට දුක් දොම්නස් එපා...! අනේ, අපට දුකක්, කරදරයක්, කණගාටුවක්, ශෝකයක්, පසුතැවිල්ලක් කිසිදවසක ඇතිවෙන්න එපා...!' මෙහෙම පතනවා කෙළවරක් නැතිව. මේ පතන්නේ අවබෝධ කළ යුතු එකක්. නමුත් ඒ අවබෝධ කළ යුතු දේ අපි මුළු ජීවිත කාලය පුරාම පැතුවත් ලැබෙන්නේ නෑ. මොකද හේතුව? ඒක ප්‍රාර්ථනාවකින් වෙනස් කරන්න බෑ. ඒකට හේතුවම වෙනස් වෙන්න ඕනෙ, ඵලය වෙනස් වෙන්න නම්.

හේතු නිරුද්ධ වීමෙන් ඵලය නිරුද්ධ වේ...

සම්මා දිට්ඨිය ඇති එක්කෙනා මේක අවබෝධ කරගන්නවා. හේතුව වෙනස් වුණොත් තමයි ඵලය වෙනස් වෙන්නේ. හේතුව නිරුද්ධ වුණොත් තමයි ඵලය නිරුද්ධ වෙන්නේ. මේක තමයි මනුස්ස ජීවිතයේ අපිට ලබාගන්න තියෙන ලොකුම වාසනාව, ලොකුම පිහිට. 'හේතුව වෙනස් වුණොත් ඵලය වෙනස් වෙනවා, හේතුව නිරුද්ධ වුණොත් ඵලය නිරුද්ධ වෙනවා...' කියන මෙන්න මේ ධර්මතාවය අපි හඳුනාගත්තා නම්, අපි අවබෝධ කරගත්තා නම්, අපට චතුරාර්ය සත්‍යය ධර්මය තේරුම් ගන්න පුළුවන්. අපට 'දුක' කියන එක හොඳට තේරුම්

ගන්න පුළුවන්. මේ 'දුක' හටගන්න හේතුවෙච්ච කරුණු තේරුම් ගන්න පුළුවන්. 'දුක' නිරුද්ධවීම ගැන තේරුම් ගන්න පුළුවන්.

දැන් බලන්න මේ ලෝක සත්වයා 'නිවන' කියන වචනය දන්නේ නැතුව කොච්චර දුක් විඳිනවද කියලා. නිවන කියන අර්ථය දන්නේ නැතුව. මේ ලෝකයේ වැඩිපුරම 'නිවන, විමුක්තිය' පතන කෝටි සංඛ්‍යාත ජනකායක් ඉන්න ඉන්දියාවේ පසුගිය දවස්වල 'අලහබාත්' කියන නගරයේ 'සංගම්' කියන තැන... ඒ කියන්නේ ගංගා, යමුනා, සරස්වතී කියන ගංගා තුන එකතුවෙන තැන... එතැන ඉස්සර බුදුරජාණන් වහන්සේගේ කාලේ ධර්මය පතුරවපු තැනක්. එතැන පසුගිය දවස්වල තිබුණා 'කුම්භමේලා' කියලා උත්සවයක්. මේකෙදි දුකින් නිදහස්වීම පිණිස, අකුසල් ප්‍රහාණය කිරීම පිණිස, සිත පිරිසිදු කිරීම පිණිස, කෝටි දෙකක් ජනතාව මේ ගඟට පැන්නා. කෝටි දෙකක් කියන්නේ මිලියන විස්සක්. මිලියන විස්සක් ජනතාව මේ සීතලේ ගැහෙනවා. නිකම් වතුර අල්ලන්න බෑ. මේකට පැන්නා. අර ගඟට පැන්නා. පැනලා හුස්ම හිර කරගෙන වතුරේ ඉඳලා පොඩ්ඩක් උඩට ආවා. සීතලේ ගැහි ගැහී ගොඩට ආවා 'දැන් හරි... දූන් ඉතින් දුකින් නිදහස්...'

ධර්මය කතා නොකරන තාක්...

දැන් බලන්න මේ හරි මාර්ගය දන්නේ නැති වීම නිසා නේද? ආර්ය අෂ්ටාංගික මාර්ගය වැහිලා. ධර්මය කතා නොකරන ඕනෑම තැනක ආර්ය අෂ්ටාංගික මාර්ගය වැහිලා යනවා. ආර්ය අෂ්ටාංගික මාර්ගය කතා කරන්නේ නෑ. ඊට පස්සේ කතා කරන්නේ 'චතුරාර්ය සත්‍යය අවබෝධය නෙමෙයි. මේ මිනිසුන්ට රස්සාවල්

නෑ, රස්සාවල් ඕනෙ. කන්න නෑ, කන්න ඕනෙ. වතුර නෑ, වතුර ඕනෙ. ඇඳුම් නෑ, ඇඳුම් ඕනෙ. මේවයි ප්‍රශ්න...' කියනවා.

ධර්මාවබෝධයමයි වහ වහා කළ යුත්තේ...

බුදුරජාණන් වහන්සේ දේශනා කරනවා, "හිස ගිනිගත්තොත් ඒ ගින්න නිවන්න මහන්සි ගන්න ඕනෙ නෑ. චතුරාර්ය සත්‍යය අවබෝධ කරන්නයි මහන්සි ගන්න ඕනෙ." ඒ උපමාවත් එක්ක අර අනිත් කතාවල් ඔක්කොම යටයන්නේ නැද්ද?

බලන්න එතකොට බුදුරජාණන් වහන්සේට කොච්චර ඕනකමක් තියෙනවාද, මේ මනුෂ්‍යාට චතුරාර්ය සත්‍යය අවබෝධය කරවලා දෙන්න. බුදුරජාණන් වහන්සේ භික්ෂූන් වහන්සේලාට දේශනා කළෙත් ඒකමයි. මේ ධර්මය පතුරවගෙන යන්න කිව්වේ, (**දේසේථ භික්ඛවේ ධම්මං**) "මහණෙනි, ඔබ ගිහින් මේ ධර්මය දේශනා කරන්න. (**ආදිකල්‍යාණං මජ්ඣේ කල්‍යාණං පරියෝසාන කල්‍යාණං**) මේ ධර්මයේ පටන්ගැනිල්ලත් සුන්දරයි. මැදත් සුන්දරයි. මේකේ අවසානයත් සුන්දරයි. මේකේ අවසානයක් තියෙනවා."

අපි ගත්තොත් බුදුරජාණන් වහන්සේගේ ශ්‍රාවකයෝ ඒ ධර්මයේ ආරම්භයෙන් පටන් අරගත්තා. අවසානයක් වුණේ නැද්ද? රහතන් වහන්සේලා ඔක්කෝම ඒ ධර්මය අවසානය දැකපු අයනේ. ඒ ධර්මය අනුගමනය කරලා, ඒ ධර්මය සම්පූර්ණ කරලා, ඒ ධර්මය සාක්ෂාත් කරලා, ඒ ධර්ම මාර්ගයේ ගමන්කරලා අවසන් කළා. මේ ජීවිතයේදීම කළේ නැද්ද ඔක්කොම දේවල් ටික. සියලුම දේවල් එක ජීවිතයක කළා.

ශ්‍රද්ධාවට නොපැමිණෙන තාක් පිහිටක් නෑ...

ඊළඟට බුදුරජාණන් වහන්සේ දේශනා කළා, "අර්ථ සහිත, පැහැදිලි වචන ඇති, පැහැදිලි අර්ථ ඇති මේ නිවන් මග කියාගෙන යන්න..." කිව්වා. ඉතින් එකල වැඩ සිටිය ඒ රහතන් වහන්සේලා මේ ධර්මය කියාගෙන ගියා. එතකොටයි මිනිසුන්ට කල්පනාවක් ආවේ, මිනිසුන්ගේ හිතට පැහැදීමක් ආවේ 'අනේ, අපි මේ ගමන් කරන්නේ කෙළවරක් නැති සංසාරයක නේද? මේ ජීවිතයේදී අපි ධර්මයට ආවේ නැත්නම් අපි අමාරුවේ වැටෙනවා නේද? මේ ජීවිතයේදී අපි ශ්‍රද්ධාවට නොපැමිණොත් අපට පිහිටක් නෑ නේද? මේ පිහිට ඇතිකරගන්න ඕනෙ තමා විසින් නේද?' කියලා.

වෙන කෙනෙකුට මේක කරලා දෙන්න බෑ...

දැන් බලන්න හිතලා, 'අනේ මං වෙනුවෙන් ඔයා සිහිය උපද්දවනවාද?' කියලා පුළුවන්ද ඒක කරන්න...? 'අනේ මට අකුසල් හටඅරගෙන තියෙනවා, ඔයා වීර්ය ගන්නවද ඒක නැතිවෙන්න?' පුළුවන්ද ඒක කරන්න...? ඒක කරන්න බෑ. 'අනේ මට සමාධිය ඇතිවෙන්න කියලා ඔයා පතනවද?' පුළුවන්ද? බෑ. එහෙනම් තවකෙනෙකුට තවකෙනෙක් තුළ සිහිය උපදවන්න බෑ. ඒක තමන්ම උපදවාගන්න ඕනෙ. සීලය තමන්ම උපදවාගන්න ඕනෙ. ප්‍රඥාව තමන්ම උපදවාගන්න ඕනෙ.

පරම්පරාවෙන් ලැබෙන එකක් නෙමෙයි...

මේ නුවණින් විමසීම තාත්තගෙන් පුතාට ලැබෙන එකක් නෙමෙයි. ගුරුන්නාන්සේගෙන් ගෝලයට ලැබෙන එකක් නෙවෙයි. ඒක ලැබෙන්නේ ප්‍රඥාව උපතින්ම

පිහිටලා තියෙන කෙනාට විතරයි. නුවණ උපතින්ම පිහිටලා තියෙන කෙනාට විතරයි ඒක ලැබෙන්නේ. එතකොට නුවණ උපතින්ම පිහිටලා තියෙනවාද කියලා තමන්ට හොයන්න බෑ. දැන් බලන්න ඛේමා බිසවට අහුවුණේ නෑනේ ඒක. නමුත් එයාගේ උපතින් පිහිටලා තිබ්ච්ච නුවණ එකපාරට අවදිවුණා අර දර්ශණෙත් එක්ක. මාගන්දිය බ්‍රාහ්මණයාට, මාගන්දිය බැමිණියට උපතින් පිහිටලා තිබ්ච්ච නුවණ බුදුරජාණන් වහන්සේ ශරීරය ගැන කරන ප්‍රකාශත් එක්කම, එකපාරටම මතුවුණා. ඊට පස්සේ ඒ ගැන නුවණින් හිතන්න පටන් ගත්තා.

එහෙම නම් අපට පැහැදිලිව පේනවා, මේ නුවණින් කල්පනා කිරීමේ වාසනාව අපි එක එක්කෙනා තුළ වෙන් වෙන් වශයෙන් තියෙන්න ඕන. අපි එක එක්කෙනා තුළ තනියම තම තමන් තුළ නුවණින් විමසීම කියන එක පිහිටන්න ඕනෙ. එසේ පිහිටලා තිබීමෙන් තමයි අපට ධර්මය අවබෝධ වෙන්න පටන් ගන්නේ. එහෙම නැත්නම් මේක අවබෝධ කරගන්න බෑ. ඒ වාසනාව අපට තියෙන්න ඕනෙ. ඒ වාසනාවට වුවමනා කරන ධර්මය ලෝකේ තියෙනවා. ඒ තියෙන ධර්මය අපට මුණ ගැහෙන්න ඕනෙ. අන්න එතකොට තමයි අපට නුවණින් විමසීම තියෙනවා නම්, අපි මේක අවබෝධ කරන්නේ.

මේ කිසිදෙයක් ඉබේ පහළ වෙන්නේ නෑ...

හැබැයි මේකට වුවමනා කරන ඒ බුද්ධිමත්බව ඉබේ පහළ හිටියොත් කිසිදවසක ඒක ඉබේ පහළ වෙන්නේ නෑ. ශ්‍රද්ධාව කියන එක කවදාවත් ඉබේ පහළ වෙන්නේ නෑ. නුවණින් විමසීම කියන එක ඉබේ පහළ වෙන්නේ නෑ. වීරිය කියන එක ඉබේ පහළ වෙන්නේ

නෑ. හැමතිස්සේම අපට පුළුවන් වෙන්න ඕන, සිත මේ
සඳහා යොමු කරවන්න.

හරකෙක් දක්කනවා වගේ අමාරු වැඩක්...

බුදුරජාණන් වහන්සේ පෙන්වා දුන්නා, අපි මේ
සිත හසුරුවන්න ඕන හරියට හරකෙක් දක්කනවා
වගේ කියලා. දැන් ඔන්න හරකෙක් ඉන්නවා. හරකාව
අපි අරගෙන යනවා නිල් ගොයම තියෙන පටු පාරක.
දෙපැත්ත හොඳට නිල් පාටට ගොයම වැඩිලා තියෙන
පටු පාරක අපි මේ හරක් පැටියාව අරගෙන යනවා.
දැන් හරකගේ හිත යන්නේ කොහෙටද? ගොයමට.
අපේ ප්‍රමාදය දුටු තැන මොකද වෙන්නේ හරකට?
හරකා ගොයමට කට දානවා. එතකොට මේ හරකාව
දමනය කරන්න නම්, එයා මොකද කරන්න ඕන? ඒ
වගේ අවස්ථාවක හරකට තරවටු කරන්න ඕන. හරකට
රිදෙන්න ගහන්න ඕන. එතකොට හරකා ඒ ගුටිය කාලා,
ඒක මතක තියාගෙන ඔන්න ආයේ පොඩ්ඩක් යනවා.
ආයේ හරකට අමතක වෙනවා. ආයේ හරකා ගොයමට
යනවා. මේ විදිහට තමයි අපිත් යන්නේ.

සද්ධර්ම ශ්‍රවණයෙහි වටිනාකම...

එතකොට සිහිනුවණ තියෙන එක්කෙනා... අර
හරකට ගහනවා වගේ, ධර්මයෙන් හැම තිස්සේම තමන්ගේ
ජීවිතේට අවවාද කරගන්නවා. ධර්මයෙන් අවවාද කර
ගැනීමට නම්, තමන්ට තියෙන්න ඕන මොකක්ද? ධර්මය
ඇසූ බව. ධර්මය අහලා තිබුණේ නැත්නම්, ඒ ධර්මය
කෙරෙහි සිහිය පිහිටලා තිබුණේ නැත්නම්, ඒ ධර්මය
නුවණින් කල්පනා කරලා තිබුණේ නැත්නම්, ඒ ධර්මය
තමන්ගේ සිතට යන්නේ නෑ. සිහි කරගන්න බෑ.

හොඳට මතක තියාගන්න...

ඔබේ සිතේ අකුසල් හටගන්නවා නම්, ඒ අකුසල් ප්‍රහාණය කරන්න කවුරුවත් එන්නේ නෑ. ඔබේ කය නිසා අකුසල් හටගන්නවා නම්, ඔබේ දුස්සීලබවකින් අකුසල් හටගන්නවා නම්, ඒ දුස්සීලබව ප්‍රහාණය කරන්න කවුරුවත් එන්නේ නෑ. ශ්‍රද්ධාව නැතිවීමෙන් අකුසල් හටගන්නවා නම්, ඒ අකුසල් ප්‍රහාණය කරන්න කවුරුවත් එන්නේ නෑ. වීරිය හීනකමින් අකුසල් හටගන්නවා නම්, ඒ අකුසල් ප්‍රහාණය කරන්න කවුරුවත් එන්නේ නෑ. සිහිය නැතිකමින් අකුසල් හටගන්නවා නම්, ඒවා නැති කරන්න කවුරුවත් එන්නේ නෑ.

දහම් කණ්ණාඩිය හඳුනාගන්න...

එහෙනම් කවුද මේවා කරන්න ඕන? තමන් සිහියෙන්, නුවණින් දකින්න ඕනේ 'මේවා අකුසල්... මේවා තමන්ට අයහපත පිණිස, දුක් පිණිස පවතිනවා... මේවා හිතසුව පිණිස පවතින්නේ නෑ... මේ ගැන අවබෝධයෙන්ම දේශනා කළේ බුදුරජාණන් වහන්සේ.... එහෙනම් මම ම මේවා හිත හිතා නැති කරගන්න ඕන...' කියලා. 'තමන්ගේ හිතේ මේ මේ අකුසල් තියෙනවා... තමන්ගේ වචනයෙන් මේ මේ අකුසල් කෙරෙනවා... තමන්ගේ කයෙන් මේ මේ අකුසල් සිදුවෙනවා... කියලා එයා තේරුම් ගන්නේ බුදුරජාණන් වහන්සේගේ බුද්ධ දේශනා ගැන ඇතිවෙන ශ්‍රද්ධාව මතයි. ඒ ශ්‍රද්ධාව තමයි එයාගේ කණ්ණාඩිය. ඒ සීලය තමයි එයාගේ කණ්ණාඩිය. සෝතාපත්ති අංග හතර තමයි එයාගේ කණ්ණාඩිය. සෝතාපත්ති අංග හතර මොනවද? බුදුරජාණන් වහන්සේ කෙරෙහි නොසෙල්වෙන පැහැදීමෙන් ඉන්නවා. ධර්මය

කෙරෙහි නොසෙල්වෙන පැහැදීමෙන් ඉන්නවා. ආර්ය මහා සංඝරත්නය කෙරෙහි නොසෙල්වෙන පැහැදීමෙන් ඉන්නවා. ආර්යකාන්ත සීලය, පංච සීලය කඩනොකොට ආරක්ෂා කරනවා.

අඩුපාඩු නැත්නම්....

හැමතිස්සේම මෙයා මේ ගැන විමස විමසා බලනවා, 'මගේ ශ්‍රද්ධාව තියෙනවද? මගේ සීලය තියෙනවද?' කියලා. හැමතිස්සෙම නුවණින් විමස විමසා බලනවා. ඒක තමයි මෙයාගේ සෝතාපත්ති අංග. මේ තුළ නුවණින් විමස විමසා, බල බලා ඒ අඩුපාඩු හදාගන්නවා. කණ්ණාඩිය ළඟට යන්න ඕන නෑනේ අඩුපාඩු ඇතිවෙන්නේ නැත්නම්. අඩුපාඩු ඇතිවෙන්නේ නැත්නම් කණ්ණාඩියක් ඕනෙම නෑ.

නිතරම ළඟ තියාගන්න...

අඩුපාඩු නැතිව ලස්සනට ඉන්න කැමති එක්කෙනා හැමදාම කණ්ණාඩියක් ළඟ තියාගෙන ඉන්නවා. මං දැකලා තියෙනවා සමහරු පර්ස් එක ඇතුලේ කණ්ණාඩිය දාගෙන ඉන්නවා. මොකද හේතුව? එයා ලස්සනට ඉන්න කැමතියි. එහෙනම් ලස්සනට ඉන්න කැමති නිසා තමයි එයා හැමතිස්සෙම කණ්ණාඩියක් තියාගෙන ඉන්නේ. එහෙනම් අපි මේ ජීවිතය තුළ ලස්සනට ඉන්න කැමතියි නම්, අපට තියෙන්න ඕනෙ දහම් කණ්ණාඩිය. ඒ කණ්ණාඩිය තමයි තෙරුවන් කෙරෙහි ඇති නොසෙල්වෙන පැහැදීමයි, පිරිසිදු සීලයයි.

ශ්‍රද්ධාව වැඩීමට සීලය උවමනායි...

එතකොට අපි ළඟ තියෙනවා ශ්‍රද්ධා බීජ. සීල වැස්ස

තියෙනවා. සීලයෙන් තමයි මේ ශ්‍රද්ධා බීජ තෙමෙන්නේ. එතකොට මේ සීලය කියන එක නැත්නම් ඒ ශ්‍රද්ධාව කියන එක වේලිච්ච එකක්. වැඩෙයිද ඒක? ඉන්ද්‍රියක් බවට පත්වෙන්නේ නෑ. ඒක ඉන්ද්‍රියක් බවට පත්වෙලා, පෙඟිලා වැඩෙන්න නම් සීලය කියන එක වුවමනයි. එතකොට ගිහි ජීවිතය ගත කරන ඔබටත්, පැවිදි ජීවිතය ගතකරන පැවිදි අයටත්, ඕනෑම කෙනෙකුට මේ මූලික සෝතාපත්ති අංග උපකාර වෙනවා. ඒවායින් තොරව මේ ධර්ම මාර්ගය වඩන්න පුළුවන්කමක් නෑ.

දැන් බලන්න... සාරිපුත්ත මහරහතන් වහන්සේ මේ ජීවිතය ගැන දුටු ආකාරය. උන්වහන්සේ ජීවිතය බැලූ ආකාරය. උන්වහන්සේ කායානුපස්සනා භාවනාව දියුණු කරපු ආකාරය. උන්වහන්සේ සතිපට්ඨානය වඩපු ආකාරය. අපි සරණ ගිය බුදුරජාණන් වහන්සේගේ ධර්මය තුළින් දියුණුවුණ, බුදුරජාණන් වහන්සේගේ අග්‍ර ශ්‍රාවකයන් වහන්සේ වන සාරිපුත්ත මහරහතන් වහන්සේ මොනතරම් නිර්මල සිතකින්ද වාසය කරලා තියෙන්නේ... මොනතරම් නිකෙලෙස් සිතකින්ද වාසය කරලා තියෙන්නේ... කියලා, අපට කොයිතරම් සන්තෝෂ වෙන්න පුළුවන්ද?

ධර්මය තුළින් බිහිවුණු නිකෙලෙස් මුනිවරු...

ඒ උත්තමයන් වහන්සේලාව "සංඝං සරණං ගච්ඡාමි" කියලා අපට බැරිද මේ හිත පුරාම සරණ යන්න? ඕනතරම් පුළුවන්නේ. මහා කස්සප මහරහතන් වහන්සේ, මොග්ගල්ලාන මහරහතන් වහන්සේ, ආනන්ද, නන්ද, රාහුල, මහා කච්චායන ආදී මහරහතන් වහන්සේලා සියලුදෙනාම මේ හිත දමනය කළා. සතර සතිපට්ඨානය

තුළ සිහිය පිහිටුවාගත්තා. සප්ත බොජ්ඣංග ධර්මයන් දියුණු කරගත්තා. රාග, ද්වේෂ, මෝහ ප්‍රහාණය කළා. ජීවිතයේ යථාර්ථය අවබෝධ කළා. අවබෝධ කළ යුතු 'දුක' පරිපූර්ණ වශයෙන් අවබෝධ කළා. ප්‍රහාණය කළ යුතු 'දුකේ හේතුව' පරිපූර්ණ වශයෙන් ප්‍රහාණය කළා. සාක්ෂාත් කළ යුතු 'දුක්ඛ නිරෝධය' පරිපූර්ණ වශයෙන් සාක්ෂාත් කළා. ප්‍රගුණ කළ යුතු 'ආර්ය අෂ්ටාංගික මාර්ග ය' පරිපූර්ණ වශයෙන් ප්‍රගුණ කරගත්තා.

සියල්ල අප්‍රමාදය තුළයි...

ඉතින් මේ ඔක්කොම උන්වහන්සේලා තුළ පිහිටා තිබුණා. දැන් අපි තුළත් ඇති. නමුත් අපි මේකට යෙදෙන්නේ නැති නිසා, නුවණින් විමසන්නේ නැති නිසා, අපි ප්‍රමාදවෙන නිසාම අපට ඒක ඉස්සරහට ගෙනියන්න බැරිවෙනවා. ඒකයි බුදුරජාණන් වහන්සේ දේශනා කළේ, "මාගේ මේ ධර්මය එක වචනයකින් කියන්න පුළුවන්. මොකක්ද ඒ වචනය? ඒ තමයි 'අප්‍රමාදය'... කියලා". බලන්න අපි කවුරුවත් හිතන්නේ නැති වචනයක්නේ. එක වචනයකින් කියන්න පුළුවන් කිව්වා, මේ ධර්මය, අප්‍රමාදය. අප්‍රමාදය කියන්නේ කැපවීම. කැපවීම මත තමයි සම්පූර්ණයෙන්ම බුදුරජාණන් වහන්සේගේ ධර්මය තුළ කෙනෙකුට ශ්‍රද්ධවෙන් වැඩෙන්න පුළුවන් වෙන්නේ.

සේඛ බල මත ස්ථාවර වන්න...

අපට තියෙනවා මේ ජීවිතයේ දියුණු කරගන්න පැති කීපයක්. එකක් තමයි අපි ශ්‍රද්ධාව දියුණු කරන්න ඕන. ඒකට කියනවා ශ්‍රද්ධාවෙන් වැඩෙනවා. ඊළඟ එක සීලය දියුණු කරගන්න ඕන. ඒකට කියනවා සීලයෙන් වැඩෙනවා. දහම් දැනුම දියුණු කරන්න ඕන. ඒකට

කියනවා ශ්‍රැතයෙන් වැඩෙනවා. දන්දීම හොඳට පුරුදු කරලා ඒක දියුණු කරගන්න ඕන. ඒකට කියනවා ත්‍යාග යෙන් වැඩෙනවා. නුවණින් විමසීම දියුණු කරන්න ඕනෙ. ඒකට කියනවා ප්‍රඥාවෙන් වැඩෙනවා. මෙන්න මේ සේඛ බල තුළ පිහිටියොත්, අපි මේ කරුණු වලින් වැඩෙන්න පටන් ගත්තොත්, අපි දියුණුවෙන්න පටන් ගත්තොත්, අන්න ක්‍රම ක්‍රමයෙන් අපේ ජීවිතය ආනුභාව සම්පන්න වෙනවා. ක්‍රම ක්‍රමයෙන් අපේ ජීවිතය සෝභා සම්පන්න වෙනවා. එතකොට සෝභා සම්පන්න වෙන්නේ රූපයෙන්ද? රූපෙන් නෙවෙයි. රූපයෙන් හොයන්න බෑ.

කණින් හොල්ලපු අය හෙල්ලිලා ගියා...

බුදුරජාණන් වහන්සේගේ කාලේ හිටියා, රූපෙන් කොහෙත්ම හොයන්න බැරි 'ලකුණ්ඨභද්දිය' කියලා රහතන් වහන්සේ නමක්. කුදුයි. රූපයේ ලස්සන නෑ. සමහර ස්වාමීන් වහන්සේලා යන ගමන් කණෙන් හොල්ලගෙන යනවා. ඒ මොකද හේතුව? නිකං විකට වගේ තත්වයකට සමහරු සැලකුවා. බුදුරජාණන් වහන්සේ දැක්කා මේක. දැකලා දවසක් කියනවා, "මේ ලකුණ්ඨභද්දියට කැමතිතාක් ප්‍රථම ධ්‍යානයෙන් වාසය කරන්න පුළුවන්. කැමතිතාක් දෙවන ධ්‍යානයෙන් වාසය කරන්න පුළුවන්. කැමතිතාක් තුන්වන ධ්‍යානයෙන් වාසය කරන්න පුළුවන්. කැමතිතාක් හතරවන ධ්‍යානයෙන් වාසය කරන්න පුළුවන්. කැමතිතාක් අරූප සමාපත්ති වලින් වාසය කරන්න පුළුවන්. නිරෝධ සමාපත්තියට සමවදින්න පුළුවන්. මේ ලකුණ්ඨභද්දිය මහානුභාව සම්පන්නයි..." අන්න එදයි උන්වහන්සේගේ කණින් හොල්ලපු අයව හිරිවැටිලා ගියේ.

කාවවත් රූපයෙන් මනින්න යන්න එපා...!

ඒ මොකද හේතුව? දැක්කම කවදාවත් හොයන්න බෑ, 'උන්වහන්සේ මෙහෙම කෙනෙක්...' කියලා. උන්වහන්සේගේ කණින් හෙල්ලුවා කියලා, උන්වහන්සේ කියාගෙන යනවද හැමෝටම, 'අනේ, මගේ කණින් හොල්ලන්න එපා. මම රහත්...' එහෙම කිව්වද? නෑ. උන්වහන්සේගේ කණින් හොල්ලනකොට උන්වහන්සේ මොකද කරන්නේ? කරබාගෙන හිනාවෙනවා.

අභ්‍යන්තරය වැඩුණාම නිරායාසයෙන් සිල් රැකෙනවා...

එතකොට බලන්න එහෙනම් මේක වැඩෙන්නේ කොහොමද? අභ්‍යන්තරව. අභ්‍යන්තරය වැඩුණාම සීලය වැඩෙනවා. එතකොට තමන්ගේ කයින් කාටවත් හිංසාවක් කරන්න යන්නේ නෑ. කාගේ දෙයක්වත් හොරකම් කරන්නේ නෑ. තමන්ගේ ශරීරය රැකගන්නවා. බ්‍රහ්මචාරීව ඉන්නවා. ධර්මය වැඩෙනකොට වෙන දේවල් මේ. බොරු කියන්න යන්නේ නෑ. කේලාම් කියන්න යන්නේ නෑ. පරුෂ වචන කියන්න යන්නේ නෑ. නිකම් කතා කරකර ඉන්නේ නෑ. අපට තියෙන්නේ ඒක නෙමෙනේ. නිකම් කතා නොකර ඉන්න බෑ. එතැන තියෙන්නේ නිකන් කතා කරකර ඉන්නේ නෑ.

බලන්න වෙනස...

අපට විවේකයක් ලැබුණ ගමන් කතා නොකර ඉන්න බෑ. බලන්න වෙනස... ඊට පස්සේ මොකද වෙන්නේ? කතා නොකර ඉන්නත් බෑ. කතා කරන්න ඕනෙ. විවේකය ආපු ගමන් නලියනවා කතා කරන්න.

අන්න එතකොට තේරුම්ගන්න සිහියෙන් ඉඳලා, 'මේ වචනය අසංවර වෙලා තියෙන්නේ?' සිහියෙන් ඉඳලා තමයි කල්පනා කරන්න තියෙන්නේ, 'මගෙ වචනය අසංවර වෙලාද තියෙන්නේ? මට මේ වචනය පාලනය කරන්න බැරිද? මට නිශ්ශබ්ද වෙන්න බැරිද?' දැන් තමන්ම තමන් ගැන විමසන්න.

ඔන්න එතකොට ළඟ ඉන්න කෙනත් එක්ක කතා කරන්න හිතෙනවා. එක එක ඒවා මතක් වෙනවා. ඒ මතක් වෙන ඒවා කතා කරන්න හිතෙනවා. එතකොට කල්පනා කරන්න, 'දැන් මගේ හිත ඇවිස්සෙනවා කතා කරන්න. මං කතා කරන්නම ඕනද?' අන්න එහෙම නුවණින් විමසනකොට ඔන්න ඉබේටම නිශ්ශබ්දව ඉන්න පුරුදු වෙනවා. එතකොට තමයි වචනය දමනය වෙන්නේ.

තමන්ට තමන් පේනවා නම්, ලෝකෙටම නොපෙණුනත් කමක් නෑ...

මේ විදිහට නුවණින් සිත සිතා සිහිකර කර දමනය වෙනකොට... ඒ ජීවිතය ලෝකෙට පේන්නේ නැතිවුණාට කමක් නෑ. තමන්ට තමන් පේනවා නම් ඇතිනේ. ලෝකෙට තමන්ව පෙන්නගන්න ඕන නෑ. තමන්ට තමන් පේනවා නම් හොඳටම ඇති. තමන්ට තමන්ව පෙනෙද්දි පේන්නේ අඩුපාඩු ගොඩක් නම්, අන්න තමන් ඉක්මණට ඉක්මණට එතෙර වෙන්න ඕන මේකෙන්. අපට ලෝකෙටම තමන්ව හංගන්න පුළුවන්. නමුත් තමන්ට තමන්ව හංගන්න බෑ. ඒ නිසා තමන්ට තමන්ව බලද්දි අඩුපාඩු පේනවා නම්, තමන්ට පුළුවන් නම් ඒවා වීර්යයෙන්, සිහියෙන්, නුවණින් හදාගන්න... ඔන්න ටික ටික තමන් බේරෙනවා.

ඉතින් ඒ නිසා අපි අද බුදුරජාණන් වහන්සේගේ අග්‍ර ශ්‍රාවක වූ, ධර්ම සේනාධිපති වූ සාරිපුත්ත මහරහතන් වහන්සේ ගැන කතා කළා. සතිපට්ඨානය භාවනාවේ ඇති වටිනාකම ගැන කතා කළා. සිහිනුවණ ගැන කතා කළා. ආර්ය සත්‍යය ගැන කතා කළා. අන්තිමට අපට තේරුණා මේ ඔක්කෝම කරගන්න තියෙන්නේ තමන් විසින් තමාගේ වීර්යයෙන්මයි. ඒ නිසා මේ පින්වත් සියලු දෙනාම තම තමන් තුළ ශ්‍රද්ධා, සීල, ශ්‍රැත, ත්‍යාග ප්‍රඥා ආදිය දියුණු කරගනිමින්, තම තමන් තුළ සතර සතිපට්ඨානය ධර්මයන් පිහිටුවා ගනිමින්, තම තමන් ධර්ම මාර්ග දියුණු කර ගනිමින්, මේ උතුම් ගෞතම බුදු සසුනේ චතුරාර්ය සත්‍යය ධර්මය අවබෝධ කරගැනීමේ වාසනාව උදා කරගනිත්වා...!

සාදු! සාදු!! සාදු!!!

මහාමේඝ ප්‍රකාශන

- **ත්‍රිපිටක පොත් වහන්සේලා :**

01. දීඝ නිකාය 1 කොටස
(සීලක්ඛන්ධ වර්ගය)
02. දීඝ නිකාය 2 කොටස
(මහා වර්ගය)
03. දීඝ නිකාය 3 කොටස
(පාථික වර්ගය)
04. මජ්ඣිම නිකාය 1 කොටස
(මූල පණ්ණාසකය)
05. මජ්ඣිම නිකාය 2 කොටස
(මජ්ඣිම පණ්ණාසකය)
06. මජ්ඣිම නිකාය 3 කොටස
(උපරි පණ්ණාසකය)
07. සංයුත්ත නිකාය 1 කොටස
(සගාථ වර්ගය)
08. සංයුත්ත නිකාය 2 කොටස
(නිදාන වර්ගය)
09. සංයුත්ත නිකාය 3 කොටස
(ඛන්ධක වර්ගය)
10. සංයුත්ත නිකාය 4 කොටස
(සළායතන වර්ගය)
11. සංයුත්ත නිකාය 5 කොටස
(මහා වර්ගය - 1)
12. සංයුත්ත නිකාය 5 කොටස
(මහා වර්ගය - 2)
13. අංගුත්තර නිකාය 1 කොටස
(ඒකක, දුක, තික නිපාත)
14. අංගුත්තර නිකාය 2 කොටස
(චතුක්ක නිපාත)
15. අංගුත්තර නිකාය 3 කොටස
(පඤ්චක නිපාත)
16. අංගුත්තර නිකාය 4 කොටස
(ඡක්ක, සත්තක නිපාත)
17. අංගුත්තර නිකාය 5 කොටස
(අට්ඨක, නවක නිපාත)
18. අංගුත්තර නිකාය 6 කොටස
(දසක, ඒකාදසක නිපාත)
19. ඛුද්දක නිකාය 1 කොටස
(ඛුද්දකපාඨ පාළි, ධම්මපද පාළි, උදාන පාළි, ඉතිවුත්තක පාළි)
20. ඛුද්දක නිකාය 2 කොටස
(විමාන වත්ථු , ප්‍රේත වත්ථු)

- **ධර්ම දේශනා ග්‍රන්ථ :**

01. කියන්නම් සෙනෙහසින් මිය නොයන් හිස් අතින්
02. තෝරාගනිමු සැබෑ නායකත්වය
03. පැහැදිලි ලෙස පිරිසිදු ලෙස දෙසූ සේක සිරි සදහම්
04. දම් දියෙන් පණ දෙව් විමන් සැප
05. බුදුවරුන්ගේ නගරය
06. සයුර මැද දූපතක් වේ ද ඔබ...?
07. ගිහි ගෙයි ඔබ ඇයි?
08. මෙන්න නියම දේවදූතයා
09. ආදරණීය වදකයා
10. සයුරේ අසිරිය ධර්මයේ
11. විෂ නසන ඔසු
12. සසරක ගමන නවතන නුවණ
13. විස්මිත හෙළිදරව්ව
14. දිළිසෙන සියල්ල රත්තරන් නොවේ
15. අනතුරින් අත්මිදෙන්නට නම්...
16. අතරමං නොවීමට...
17. සුන්දර ගමනක් යමු
18. කවදා නම් අපි නිදහස් වෙමුද?
19. ලෙඩ දුක් වලින් අත්මිදෙමු
20. ලෝකය හැදෙන හැටි
21. යුද්ධයේ සුළමුල
22. රහතන් වහන්සේ මරණින් මතු ඇත නැත
23. නුවණැස පාදන සිරි සදහම්
24. මරණය ඉදිරියේ අසරණ නොවීමට නම්
25. අපේ නව වසර බුද්ධ වර්ෂයයි
26. හේතුවක් නිසා
27. අවබෝධ කළ යුතු ධර්මය මෙයයි
28. සැබෑ බිරිඳ කවුද?
29. පහන් සිළ නිවෙන ලෙස පිරිනිවී වැඩි සේක
30. සසරට බැඳෙමුද සසරින් මිදෙමුද?
31. රහතුන්ගේ ධර්ම සාකච්ඡා
32. සැබෑ දියුණුවේ රන් දොරටුව
33. බලන් පුරවරක අසිරිය
34. මමත් සිත සමාහිත කරමි බුදු සමිඳුනේ...
35. එළිය විහිදෙන නුවණ
36. සැබෑ ශ්‍රාවකයා ඔබද?
37. අසිරිමත් ය ඒ භාග්‍යවතාණෝ...
38. නුවණැත්තෙක් වෙන්නට නම්
39. බුද්ධියේ හිරු කිරණ
40. නිවන්නට භව ගිමන් දෙසූ සදහම් ගිමන්

www.ingramcontent.com/pod-product-compliance
Lightning Source LLC
Chambersburg PA
CBHW062114040426
42337CB00042B/2232